SURCO

JOSEMARÍA ESCRIVÁ DE BALAGUER

SURCO

27.ª edición

EDICIONES RIALP
MADRID

© 1986 *by* Scriptor S. A. (Madrid)
EDICIONES RIALP, S. A.,
Manuel Uribe 13-15, 28033 Madrid
(www.rialp.com)

ISBN: 978-84-321-6647-1
Depósito legal: M-34089-2023

Impreso en España   *Printed in Spain*

Anzos, S. L. - Fuenlabrada (Madrid)

ÍNDICE

	Págs.
El Autor	9
Presentación	13
Prólogo del Autor	23
Generosidad	25
Respetos humanos	35
Alegría	41
Audacia	55
Luchas	63
Pescadores de hombres	83
Sufrimiento	99
Humildad	107
Ciudadanía	117
Sinceridad	127
Lealtad	131

Págs.

Disciplina   141
Personalidad   155
Oración   163
Trabajo   175
Frivolidad   191
Naturalidad   197
Veracidad   201
Ambición   213
Hipocresía   221
Vida interior   227
Soberbia   241
Amistad   251
Voluntad   263
Corazón   271
Pureza   281
Paz   287
Más allá   295
La lengua   303
Propaganda   311
Responsabilidad   317
Penitencia   327

Indice analítico   333
Indice de textos de la Sagrada Escritura .   373

EL AUTOR

San Josemaría Escrivá de Balaguer nació en Barbastro (Huesca, España) el 9 de enero de 1902. En 1918 inició los estudios eclesiásticos en el Seminario de Logroño, y los prosiguió a partir de 1920 en el de S. Francisco de Paula de Zaragoza. Entre 1923 y 1927 estudió, además, Derecho Civil en la Universidad de Zaragoza. Recibió la ordenación sacerdotal el 28 de marzo de 1925. Inició su ministerio en la parroquia de Perdiguera –diócesis de Zaragoza–, y lo continuó luego en Zaragoza.

En la primavera de 1927 se trasladó a Madrid, donde desarrolló una amplia labor sacerdotal en todos los ambientes, dedicando también su atención a pobres y desvalidos de los barrios extremos, y en especial a los incurables y moribundos de los hospitales. Se hizo cargo de la capellanía del Patronato de Enfermos, labor asistencial de las Damas Apostólicas del Sagrado Corazón, y fue profesor en una Academia universitaria, a la vez que continuaba los estudios de los cursos de doctorado en Derecho Civil.

El 2 de octubre de 1928, el Señor le hizo ver el Opus Dei (Obra de Dios). El 14 de febrero de 1930 comprendió —por inspiración divina— que debía extender el apostolado del Opus Dei también entre las mujeres. Se abría así en la Iglesia un nuevo camino, dirigido a promover, entre personas de todas las clases sociales, la búsqueda de la santidad y el ejercicio del apostolado, mediante la santificación del trabajo ordinario, en medio del mundo. El 14 de febrero de 1943 fundó la Sociedad Sacerdotal de la Santa Cruz, inseparablemente unida al Opus Dei, que, además de permitir la ordenación sacerdotal de miembros laicos del Opus Dei y su incardinación al servicio de la Obra, más adelante permitiría también a los sacerdotes incardinados en las diócesis compartir la espiritualidad y la ascética del Opus Dei, buscando la santidad en el ejercicio de los deberes ministeriales, y dependiendo exclusivamente del respectivo Ordinario. El Opus Dei fue erigido en Prelatura personal por san Juan Pablo II el 28 de noviembre de 1982: era la forma jurídica prevista y deseada por san Josemaría Escrivá.

En 1946 fijó su residencia en Roma, donde permaneció hasta el final de su vida. Desde allí, estimuló y guio la difusión del Opus Dei en todo el mundo, prodigando todas sus energías para dar a los hombres y mujeres de la Obra y a muchas otras personas una sólida formación doctrinal, ascética y apostólica. A la muerte de su Fundador, el Opus Dei contaba con más de 60 000 miembros de 80 nacionalidades.

San Josemaría Escrivá falleció el 26 de junio de 1975. Desde hacía años, ofrecía a Dios su vida por la Iglesia y por el Papa. Su cuerpo reposa en el altar de la iglesia prelaticia de Santa María de la Paz, en la sede central de la Prelatura del Opus Dei. La fama de santidad de que el Fundador del Opus Dei ya gozó en vida se ha ido extendiendo, después de su muerte, por todos los rincones de la tierra, como ponen de manifiesto los abundantes testimonios de favores espirituales y materiales que se atribuyen a su intercesión; entre ellos, algunas curaciones médicamente inexplicables. San Juan Pablo II canonizó a Josemaría Escrivá el 6 de octubre de 2002.

Entre sus escritos publicados se cuentan, además del estudio teológico jurídico *La Abadesa de las Huelgas*, libros de espiritualidad que han sido traducidos a numerosos idiomas: *Camino, Santo Rosario, Es Cristo que pasa, Amigos de Dios, Vía Crucis, Surco* y *Forja*. Recogiendo algunas de las entrevistas concedidas a la prensa se ha publicado el libro *Conversaciones con Mons. Escrivá de Balaguer*, y se han comenzado a publicar sus escritos inéditos, como *En diálogo con el Señor* y dos volúmenes de *Cartas*. Una amplia documentación sobre san Josemaría puede encontrarse en www.escrivaobras.org y en www.opusdei.org.

PRESENTACIÓN

Ya en 1950 el Siervo de Dios Josemaría Escrivá de Balaguer prometía al lector, en el prólogo de la 7.ª edición castellana de *Camino*, un nuevo encuentro en otro libro —*Surco*— *que pienso entregarte dentro de pocos meses*[1]. Este deseo del Fundador del Opus Dei se hace realidad ahora, cuando se cumple el undécimo aniversario de su tránsito al Cielo.

Realmente, *Surco* podía haber visto la luz hace muchos años. En varias ocasiones Mons. Escrivá de Balaguer estuvo a punto de enviarlo a la

---

[1] *Camino*, 7.ª ed., Rialp, Madrid 1950.

imprenta, pero sucedió lo que solía decir con palabras de un viejo refrán castellano: *no se puede repicar y andar en la procesión.* Su intenso trabajo fundacional, la labor de gobierno al frente del Opus Dei, su amplísima labor pastoral con tantas almas y otras mil tareas al servicio de la Iglesia, le impidieron dar un último repaso sosegado al manuscrito. Sin embargo, *Surco* estaba terminado —a falta de ordenar numéricamente las papeletas y de la postrera revisión estilística, no llevada a cabo— desde hacía tiempo, incluso con los títulos de los diversos capítulos que lo integran.

Al igual que *Camino* —libro que ha alcanzado ya una tirada superior a los tres millones de ejemplares, y que ha sido traducido a más de treinta lenguas—, *Surco* es fruto de la vida interior y de la experiencia de almas de Mons. Escrivá de Balaguer. Está escrito con la intención de fomentar y facilitar la oración personal. Su género y su estilo no es, pues, el de los tratados teológicos sistemáticos, aunque su rica y profunda espiritualidad encierra una subida teología.

Surco quiere alcanzar la persona entera del cristiano —cuerpo y alma, naturaleza y gracia—, y no sólo la inteligencia. Por esto, no es su fuente la sola reflexión, sino la misma vida cristiana: refleja las oleadas de movimiento y de quietud, de energía espiritual y de paz, que la acción del Espíritu Santo fue imprimiendo en el alma del Siervo de Dios y en las de quienes le rodeaban. *Spiritus, ubi vult, spirat*, el Espíritu sopla donde quiere[2], y trae consigo una hondura y armonía de vida inigualables, que no se pueden —ni se deben— aherrojar en los estrechos límites de un esquema hecho a lo humano.

Ahí está el porqué de la metodología de este libro. Mons. Escrivá de Balaguer nunca quiso en ningún campo —y menos aún en las cosas de Dios— hacer primero el traje para después meter, por la fuerza, a la criatura. Prefería, por su respeto a la libertad de Dios y a la de los hombres, ser un observador atento, capaz de reconocer los dones de Dios, para aprender y, sólo después, enseñar. Tantas veces le he oído decir, cuando llegaba a un nuevo país o se reunía con un nuevo grupo de personas, *yo aquí he venido a aprender*, y aprendía: aprendía de Dios y de las almas, y su aprendizaje se convertía, para los que le rodeábamos, en una continua enseñanza.

---

[2] Ioann. III, 8.

dita fraternidad con tus hermanos los hombres, y vives al margen de la gran familia cristiana, eres un pobre inclusero.

17 ¿La cima? Para un alma entregada, todo se convierte en cima que alcanzar: cada día descubre nuevas metas, porque ni sabe ni quiere poner límites al Amor de Dios.

18 Cuanto más generoso seas, por Dios, serás más feliz.

19 Con frecuencia viene la tentación de querer reservarse un poco de tiempo para uno mismo...
Aprende de una vez a poner remedio a tanta pequeñez, rectificando enseguida.

20 Eras de los de "todo o nada". Y como nada podías..., ¡qué desgracia!
Empieza a luchar con humildad, para encender esa pobre entrega tuya, tan cicatera, hasta hacerla "totalmente" efectiva.

21 Los que nos hemos dedicado a Dios, nada hemos perdido.

22   Me gustaría gritar al oído de tantas y de tantos: no es sacrificio entregar los hijos al servicio de Dios: es honor y alegría.

23   Le ha llegado el momento de la dura prueba, y ha venido a buscarte desconsolado.

—¿Te acuerdas? Para él —el amigo que te daba consejos "prudentes"—, tu modo de proceder no era más que utopía, fruto de una deformación de ideas, captación de voluntades, y... "agudezas" por el estilo.

—"Este entregarse al Señor —sentenciaba— es una exacerbación anormal del sentimiento religioso". Y, con su pobre lógica, pensaba que entre tu familia y tú se había interpuesto un extraño: Cristo.

Ahora ha entendido lo que tantas veces le repetías: Cristo no separa jamás a las almas.

24   He aquí una tarea urgente: remover la conciencia de creyentes y no creyentes —hacer una leva de hombres de buena voluntad—, con el fin de que cooperen y faciliten los instrumentos materiales necesarios para trabajar con las almas.

25   Mucho entusiasmo y comprensión demuestra. Pero cuando ve que se trata de "él", que "él" ha de contribuir en serio, se retira cobardemente.

Me recuerda a aquéllos que, en momentos de grave peligro, gritaban con falsa valentía: ¡guerra, guerra!, pero ni querían dar dinero, ni alistarse para defender a su patria.

26   Produce lástima comprobar cómo algunos entienden la limosna: unas perras gordas o algo de ropa vieja. Parece que no han leído el Evangelio.

No os andéis con reparos: ayudad a las gentes a formarse con la suficiente fe y fortaleza como para desprenderse generosamente, en vida, de lo que necesitan.

—A los remolones, explicadles que es poco noble y poco elegante, también desde el punto de vista terreno, esperar al final, cuando por fuerza ya no pueden llevarse nada consigo.

27   "Quien presta, no cobra; si cobra, no todo; si todo, no tal; si tal, enemigo mortal".

¿Entonces?... ¡Da!, sin cálculo, y siempre por Dios. Así vivirás, también humanamente, más cerca de los hombres y contribuirás a que haya menos ingratos.

28   Vi rubor en el rostro de aquel hombre sencillo, y casi lágrimas en sus ojos: prestaba generosamente su colaboración en buenas obras, con el dinero honrado que él mismo ganaba, y supo que "los buenos" motejaban de bastardas sus acciones.

Con ingenuidad de neófito en estas peleas de Dios, musitaba: "¡ven que me sacrifico... y aún me sacrifican!"

—Le hablé despacio: besó mi Crucifijo, y su natural indignación se trocó en paz y gozo.

29   ¿No sientes unas ganas locas de hacer más completa, más "irremediable" tu entrega?

30   ¡Qué ridícula actitud la de los pobrecitos hombres, cuando negamos una y otra vez pequeñeces al Señor! Pasa el tiempo, las cosas se van viendo con su verdadero relieve,... y nacen la vergüenza y el dolor.

31   «Aure audietis, et non intelligetis: et videntes videbitis, et non perspicietis». Palabras claras del Espíritu Santo: oyen con sus propios oídos, y no entienden; miran con sus ojos, pero no perciben.

¿Por qué te inquietas si algunos, "viendo" el apostolado y conociendo su grandeza, no se entregan? Reza tranquilo, y persevera en tu camino: si ésos no se lanzan, ¡otros vendrán!

32   Desde que le dijiste "sí", el tiempo va cambiando el color del horizonte —cada día, más bello—, que brilla más amplio y luminoso. Pero has de continuar diciendo "sí".

33   La Virgen Santa María, Maestra de entrega sin límites. —¿Te acuerdas?: con alabanza dirigida a Ella, afirma Jesucristo: "¡el que cumple la Voluntad de mi Padre, ése —ésa— es mi madre!..."

Pídele a esta Madre buena que en tu alma cobre fuerza —fuerza de amor y de liberación— su respuesta de generosidad ejemplar: «ecce ancilla Domini!» —he aquí la esclava del Señor.

RESPETOS HUMANOS

34 Cuando está en juego la defensa de la verdad, ¿cómo se puede desear no desagradar a Dios y, al mismo tiempo, no chocar con el ambiente? Son cosas antagónicas: ¡o lo uno o lo otro! Es preciso que el sacrificio sea holocausto: hay que quemarlo todo..., hasta el "qué dirán", hasta eso que llaman reputación.

35 ¡Qué claramente veo ahora que la "santa desvergüenza" tiene su raíz, muy honda, en el Evangelio! Cumple la Voluntad de Dios..., acordándote de Jesús difamado, de Jesús escupido y abofeteado, de Jesús llevado ante los tribunales de hombrecillos..., ¡¡y de Jesús callado!! —Propósito: abajar la frente a los ultrajes y —contando también con las humillaciones que, sin duda, vendrán— proseguir la tarea divina, que el Amor Misericordioso de Nuestro Señor ha querido encomendarnos.

36   Asusta el daño que podemos producir, si nos dejamos arrastrar por el miedo o la vergüenza de mostrarnos como cristianos en la vida ordinaria.

37   Hay algunos que, cuando hablan de Dios, o del apostolado, parece como si sintieran la necesidad de defenderse. Quizá porque no han descubierto el valor de las virtudes humanas y, en cambio, les sobra deformación espiritual y cobardía.

38   Es inútil pretender agradar a todos. Descontentos, gente que proteste, siempre habrá. Mira cómo lo resume la sabiduría popular: "cuando va bien a los corderos, va mal a los lobos".

39   No te conduzcas como ésos que se asustan ante un enemigo que sólo tiene la fuerza de su "voz agresiva".

40 Comprendes la labor que se hace..., te parece bien (!). Pero pones mucho cuidado en no colaborar, y más aun en conseguir que los demás no vean o no piensen que colaboras.

—¡Tienes miedo de que te crean mejor de lo que eres!, me has dicho. —¿No será que tienes miedo de que Dios y los hombres te exijan más coherencia?

41 Parecía plenamente determinado...; pero, al tomar la pluma para romper con su novia, pudo más la indecisión y le faltó valentía: muy humano y comprensible, comentaban otros. Por lo visto, según algunos, los amores terrenos no están entre lo que se ha de dejar para seguir plenamente a Jesucristo, cuando El lo pide.

42 Hay quienes yerran por flaqueza —por la fragilidad del barro con que estamos hechos—, pero se mantienen íntegros en la doctrina.

Son los mismos que, con la gracia de Dios, demuestran la valentía y la humildad heroicas de confesar su yerro, y de defender —con ahínco— la verdad.

43 Algunos llaman imprudencia y atrevimiento a la fe y a la confianza en Dios.

44   ¡Es una locura confiar en Dios...!, dicen. —¿Y no es más locura confiar en sí mismo, o en los demás hombres?

45   Me escribes que te has llegado, por fin, al confesonario, y que has probado la humillación de tener que abrir la cloaca —así dices— de tu vida ante "un hombre".

—¿Cuándo arrancarás esa vana estimación que sientes de ti mismo? Entonces, irás a la confesión gozoso de mostrarte como eres, ante "ese hombre" ungido —otro Cristo, ¡el mismo Cristo!—, que te da la absolución, el perdón de Dios.

46   Tengamos la valentía de vivir pública y constantemente conforme a nuestra santa fe.

47   No podemos ser sectarios, me decían con aire de ecuanimidad, ante la firmeza de la doctrina de la Iglesia.

Después, cuando les hice ver que quien tiene la Verdad no es sectario, comprendieron su equivocación.

48   Para convencerse de que resulta ridículo tomar la moda como principio de conducta, basta mirar algunos retratos antiguos.

49   Me gusta que ames las procesiones, todas las manifestaciones externas de nuestra Madre la Iglesia Santa, para dar a Dios el culto debido..., ¡y que las vivas!

50   «Ego palam locutus sum mundo»: Yo he predicado públicamente delante de todo el mundo, responde Jesús a Caifás, cuando se acerca el momento de dar su Vida por nosotros.

—Y, sin embargo, hay cristianos que se avergüenzan de manifestar «palam» —patentemente— veneración al Señor.

51   Cuando se ha producido la desbandada apostólica y el pueblo embravecido rompe sus gargantas en odio hacia Jesucristo, Santa María sigue de cerca a su Hijo por las calles de Jerusalén. No le arredra el clamor de la muchedumbre, ni deja de acompañar al Redentor mientras todos los del cortejo, en el anonimato, se hacen cobardemente valientes para maltratar a Cristo.

Invócala con fuerza: «Virgo fidelis!» —¡Virgen fiel!, y ruégale que los que nos decimos amigos de Dios lo seamos de veras y a todas las horas.

ALEGRÍA

52   Nadie es feliz, en la tierra, hasta que se decide a no serlo. Así discurre el camino: dolor, ¡en cristiano!, Cruz; Voluntad de Dios, Amor; felicidad aquí y, después, eternamente.

53   «Servite Domino in laetitia!» —¡Serviré a Dios con alegría! Una alegría que será consecuencia de mi Fe, de mi Esperanza y de mi Amor..., que ha de durar siempre, porque, como nos asegura el Apóstol, «Dominus prope est!»... —el Señor me sigue de cerca. Caminaré con El, por tanto, bien seguro, ya que el Señor es mi Padre..., y con su ayuda cumpliré su amable Voluntad, aunque me cueste.

54   Un consejo, que os he repetido machaco-
namente: estad alegres, siempre alegres. —Que
estén tristes los que no se consideren hijos de
Dios.

55   Procuro dejarme la piel, para que mis hermanos pequeños "pisen blando", como usted nos
dice. ¡Hay tantas alegrías en este "pasarlas negras"!

56   Otro hombre de fe me escribía: "cuando
por necesidad se está aislado, se nota perfectamente la ayuda de los hermanos. Al considerar
que ahora todo he de soportarlo «solo», muchas
veces pienso que, si no fuese por esa «compañía
que nos hacemos desde lejos» —¡la bendita Comunión de los Santos!—, no podría conservar
este optimismo, que me llena".

57   No me olvides que a veces hace falta tener
al lado caras sonrientes.

58   "Sois todos tan alegres que uno no se lo espera", oí comentar.
       De lejos viene el empeño diabólico de los
enemigos de Cristo, que no se cansan de murmu-

rar que la gente entregada a Dios es de la "enca-
potada". Y, desgraciadamente, algunos de los que
quieren ser "buenos" les hacen eco, con sus "virtudes tristes".

—Te damos gracias, Señor, porque has
querido contar con nuestras vidas, dichosamente
alegres, para borrar esa falsa caricatura.

—Te pido también que no lo olvidemos.

59   Que nadie lea tristeza ni dolor en tu cara,
cuando difundes por el ambiente del mundo el
aroma de tu sacrificio: los hijos de Dios han de
ser siempre sembradores de paz y de alegría.

60   La alegría de un hombre de Dios, de una
mujer de Dios, ha de ser desbordante: serena,
contagiosa, con gancho...; en pocas palabras, ha
de ser tan sobrenatural, tan pegadiza y tan natural, que arrastre a otros por los caminos cristianos.

61   "¿Contento?" —Me dejó pensativo la pregunta.

—No se han inventado todavía las palabras, para expresar todo lo que se siente —en el
corazón y en la voluntad— al saberse hijo de Dios.

62   Navidad. Me escribes: "al hilo de la espera santa de María y de José, yo también espero, con impaciencia, al Niño. ¡Qué contento me pondré en Belén!: presiento que romperé en una alegría sin límite. ¡Ah!: y, con El, quiero también nacer de nuevo..."

—¡Ojalá sea verdad este querer tuyo!

63   Propósito sincero: hacer amable y fácil el camino a los demás, que bastantes amarguras trae consigo la vida.

64   ¡Qué maravilla convertir infieles, ganar almas!...

—Pues tanto, y aún más grato a Dios, es evitar que se pierdan.

65   ¡Otra vez a tus antiguas locuras!... Y luego, cuando vuelves, te notas con poca alegría, porque te falta humildad.

Parece que te obstinas en desconocer la segunda parte de la parábola del hijo pródigo, y todavía sigues apegado a la pobre felicidad de las bellotas. Soberbiamente herido por tu fragilidad, no te decides a pedir perdón, y no consideras que, si te humillas, te espera la jubilosa acogida de tu

Padre Dios, la fiesta por tu regreso y por tu recomienzo.

66   Es verdad: no valemos nada, no somos nada, no podemos nada, no tenemos nada. Y, simultáneamente, en medio de la lucha cotidiana, no faltan los obstáculos, las tentaciones... Pero la "alegría" de tus hermanos disipará todas las dificultades, en cuanto te reúnas con ellos, porque los verás firmemente apoyados en El: «quia Tu es Deus fortitudo mea» —porque Tú eres, Señor, nuestra fortaleza.

67   Se repite la escena, como con los convidados de la parábola. Unos, miedo; otros, ocupaciones; bastantes..., cuentos, excusas tontas.

Se resisten. Así les va: hastiados, hechos un lío, sin ganas de nada, aburridos, amargados. ¡Con lo fácil que es aceptar la divina invitación de cada momento, y vivir alegre y feliz!

68   Resulta muy cómodo decir: "no valgo; no me sale —no nos sale— una a derechas". —Aparte de que no es verdad, ese pesimismo cela una poltronería muy grande... Hay cosas que haces bien, y cosas que haces mal. Llénate de contento y de

esperanza por las primeras; y enfréntate —sin desaliento— con las segundas, para rectificar: y saldrán.

69 "Padre, como me aconsejó, me río de mis miserias —sin olvidar que no he de transigir—, y entonces me siento mucho más alegre.

En cambio, cuando hago la tontería de ponerme triste, me hace el efecto de que pierdo el camino".

70 Me has preguntado si tengo cruz. Y te he respondido que sí, que nosotros siempre tenemos Cruz. —Pero una Cruz gloriosa, sello divino, garantía de la autenticidad de ser hijos de Dios. Por eso, siempre caminamos felices con la Cruz.

71 Sientes más alegría. Pero esta vez se trata de una alegría nerviosa, un poco impaciente, acompañada de la sensación clara de que en ti algo se desgarra en sacrificio.

Escúchame bien: aquí en la tierra, no hay felicidad completa. Por eso, ahora, inmediatamente, sin palabras y sin victimismos, ofrécete en oblación a Dios, con un entregamiento total y absoluto.

72   Estás pasando unos días de alborozo, hen-
chida el alma de sol y de color. Y, cosa extraña,
¡los motivos de tu gozo son los mismos que otras
veces te desanimaban!

Es lo de siempre: todo depende del punto
de mira. —«Laetetur cor quaerentium Dominum!» —cuando se busca al Señor, el corazón rebosa siempre de alegría.

73   ¡Qué diferencia entre esos hombres sin fe,
tristes y vacilantes en razón de su existencia va-
cía, expuestos como veletas a la "variabilidad" de
las circunstancias, y nuestra vida confiada de cristianos, alegre y firme, maciza, en razón del conocimiento y del convencimiento absoluto de nuestro destino sobrenatural!

74   No eres feliz, porque le das vueltas a todo
como si tú fueras siempre el centro: si te duele el
estómago, si te cansas, si te han dicho esto o
aquello...

—¿Has probado a pensar en El y, por El,
en los demás?

75   «Miles» —soldado, llama el Apóstol al
cristiano.

Pues, en esta bendita y cristiana pelea de amor y de paz por la felicidad de las almas todas, hay, dentro de las filas de Dios, soldados cansados, hambrientos, rotos por las heridas..., pero alegres: llevan en el corazón las luces seguras de la victoria.

76　"Le envío, Padre, el propósito de estar siempre sonriente: corazón risueño, aunque me lo apuñalen".

　　—Me parece un propósito acertado. Rezo para que lo cumplas.

77　En algunos momentos te agobia un principio de desánimo, que mata toda tu ilusión, y que apenas alcanzas a vencer a fuerza de actos de esperanza. —No importa: es la hora buena para pedir más gracia a Dios, y ¡adelante! Renueva la alegría de luchar, aunque pierdas una escaramuza.

78　Han venido nubarrones de falta de ganas, de pérdida de ilusión. Han caído chubascos de tristeza, con la clara sensación de encontrarte atado. Y, como colofón, te acecharon decaimientos, que nacen de una realidad más o menos objetiva: tantos años luchando..., y aún estás tan atrás, tan lejos.

Todo esto es necesario, y Dios cuenta con eso: para alcanzar el «gaudium cum pace» —la paz y la alegría verdaderas—, hemos de añadir, al convencimiento de nuestra filiación divina, que nos llena de optimismo, el reconocimiento de la propia personal debilidad.

79 ¡Has rejuvenecido! Efectivamente, adviertes que el trato con Dios te ha devuelto en poco tiempo a la época sencilla y feliz de la juventud, incluso a la seguridad y gozo —sin niñadas— de la infancia espiritual... Miras a tu alrededor, y compruebas que a los demás les sucede otro tanto: transcurren los años desde su encuentro con el Señor y, con la madurez, se robustecen una juventud y una alegría indelebles; no están jóvenes: ¡son jóvenes y alegres!

Esta realidad de la vida interior atrae, confirma y subyuga a las almas. Agradéceselo diariamente «ad Deum qui laetificat iuventutem» —al Dios que llena de alegría tu juventud.

80 La gracia de Dios no te falta. Por lo tanto, si correspondes, debes estar seguro.

El triunfo depende de ti: tu fortaleza y tu empuje —unidos a esa gracia— son razón más que suficiente para darte el optimismo de quien tiene segura la victoria.

81   Quizá ayer eras una de esas personas amargadas en sus ilusiones, defraudadas en sus ambiciones humanas. Hoy, desde que El se metió en tu vida —¡gracias, Dios mío!—, ríes y cantas, y llevas la sonrisa, el Amor y la felicidad dondequiera que vas.

82   Muchos se sienten desgraciados, precisamente por tener demasiado de todo. —Los cristianos, si verdaderamente se conducen como hijos de Dios, pasarán incomodidad, calor, fatiga, frío... Pero no les faltará jamás la alegría, porque eso —¡todo!— lo dispone o lo permite El, que es la fuente de la verdadera felicidad.

83   Ante un panorama de hombres sin fe, sin esperanza; ante cerebros que se agitan, al borde de la angustia, buscando una razón de ser a la vida, tú encontraste una meta: ¡El!

Y este descubrimiento inyectará permanentemente en tu existencia una alegría nueva, te transformará, y te presentará una inmensidad diaria de cosas hermosas que te eran desconocidas, y que muestran la gozosa amplitud de ese camino ancho, que te conduce a Dios.

84   Tu felicidad en la tierra se identifica con tu fidelidad a la fe, a la pureza y al camino que el Señor te ha marcado.

85   Da gracias a Dios porque estás contento, con una alegría honda que no sabe ser ruidosa.

86   Con Dios, pensaba, cada día me parece más atractivo. Voy viviendo a "cachitos". Un día considero magnífico un detalle; otro, descubro un panorama que antes no había advertido... A este paso, no sé lo que ocurrirá con el tiempo.

Luego, he notado que El me aseguraba: pues cada día será mayor tu contento, porque ahondarás más y más en la aventura divina, en el "lío" tan grande en que te he metido. Y comprobarás que Yo no te dejo.

87   La alegría es una consecuencia de la entrega. Se confirma en cada vuelta a la noria.

88   ¡Qué alegría inmutable te produce el haberte entregado a Dios!... ¡Y qué inquietud, y qué afanes has de tener de que todos participen en tu alegría!

89 Todo lo que ahora te preocupa cabe dentro de una sonrisa, esbozada por amor de Dios.

90 ¿Optimismo?, ¡siempre! También cuando las cosas salen aparentemente mal: quizá es ésa la hora de romper a cantar, con un Gloria, porque te has refugiado en El, y de El no te puede venir más que el bien.

91 Esperar no significa empezar a ver la luz, sino confiar con los ojos cerrados en que el Señor la posee plenamente y vive en esa claridad. El es la Luz.

92 Deber de cada cristiano es llevar la paz y la felicidad por los distintos ambientes de la tierra, en una cruzada de reciedumbre y de alegría, que remueva hasta los corazones mustios y podridos, y los levante hacia El.

93 Si cortas de raíz cualquier asomo de envidia, y si te gozas sinceramente con los éxitos de los demás, no perderás la alegría.

94   Me abordó aquel amigo: "me han dicho
que estás enamorado". —Me quedé muy sorpren-
dido, y sólo se me ocurrió preguntarle el origen
de la noticia.

Me confesó que lo leía en mis ojos, que
brillaban de alegría.

95   ¡Cómo sería la mirada alegre de Jesús!: la
misma que brillaría en los ojos de su Madre, que
no puede contener su alegría —«Magnificat
anima mea Dominum!» —y su alma glorifica al
Señor, desde que lo lleva dentro de sí y a su lado.

¡Oh, Madre!: que sea la nuestra, como la
tuya, la alegría de estar con El y de tenerlo.

AUDACIA

96 No seáis almas de vía estrecha, hombres o mujeres menores de edad, cortos de vista, incapaces de abarcar nuestro horizonte sobrenatural cristiano de hijos de Dios. ¡Dios y audacia!

97 Audacia no es imprudencia, ni osadía irreflexiva, ni simple atrevimiento.

La audacia es fortaleza, virtud cardinal, necesaria para la vida del alma.

98 Te decidiste, más por reflexión que por fuego y entusiasmo. Aunque deseabas tenerlo, no hubo lugar para el sentimiento: te entregaste, al convencerte de que Dios lo quería.

Y, desde aquel instante, no has vuelto a "sentir" ninguna duda seria; sí, en cambio, una alegría tranquila, serena, que en ocasiones se desborda. Así paga Dios las audacias del Amor.

99 He leído un proverbio muy popular en algunos países: "el mundo es de Dios, pero Dios lo alquila a los valientes", y me ha hecho reflexionar.
—¿A qué esperas?

100 No soy el apóstol que debiera ser. Soy... el tímido.
—¿No estarás achicado, porque tu amor es corto? —¡Reacciona!

101 Las dificultades te han encogido, y te has vuelto "prudente, moderado y objetivo".
—Recuerda que siempre has despreciado esos términos, cuando son sinónimos de cobardía, apocamiento y comodidad.

102 ¿Miedo?: es propio de los que saben que obran mal. Tú, nunca.

103 Hay una cantidad muy considerable de cristianos que serían apóstoles..., si no tuvieran miedo.

Son los mismos que luego se quejan, porque el Señor —¡dicen!— les abandona: ¿qué hacen ellos con Dios?

104 Somos muchos; con la ayuda de Dios, podemos llegar a todas partes, comentan entusiasmados.

—¿Por qué te amilanas, entonces? Con la gracia divina, puedes llegar a ser santo, que es lo que interesa.

105 Cuando remuerde la conciencia, por haber dejado de realizar una cosa buena, es señal de que el Señor quería que no la omitiéramos.

—Efectivamente. Además, ten por cierto que "podías" haberla hecho, con la gracia de Dios.

106 No lo olvidemos: en el cumplimiento de la Voluntad divina, las dificultades se pasan por encima..., o por debajo..., o de largo. Pero..., ¡se pasan!

107 Cuando se trabaja para extender una empresa apostólica, el "no" nunca es una respuesta definitiva: ¡insistid!

108 Eres demasiado "precavido" o demasiado poco "sobrenatural" y, por eso, te pasas de listo: no te inventes tú mismo las "pegas", ni quieras despejarlas todas.

—Quizá el que te escucha sea menos "listo" o más "generoso" que tú y, como cuenta con Dios, no te pondrá tantos peros.

109 Hay unos modos de obrar tan prudenciales que, en una palabra, significan pusilanimidad.

110 Convéncete: cuando se trabaja por Dios, no hay dificultades que no se puedan superar, ni desalientos que hagan abandonar la tarea, ni fracasos dignos de este nombre, por infructuosos que aparezcan los resultados.

111 Tu fe es demasiado poco operativa: se diría que es de beato, más que de hombre que lucha por ser santo.

112 ¡Serenidad!, ¡audacia!

Desbarata con esas virtudes la quinta columna de los tibios, de los asustados, de los traidores.

113 Me aseguraste que querías luchar sin tregua. Y ahora me vienes alicaído.

Mira, hasta humanamente, conviene que no te lo den todo resuelto, sin trabas. Algo —¡mucho!— te toca poner a ti. Si no, ¿cómo vas a "hacerte" santo?

114 No te lanzas a trabajar en esa empresa sobrenatural, porque —así lo dices tú— tienes miedo a no saber agradar, a hacer una gestión desafortunada. —Si pensaras más en Dios, esas sinrazones desaparecerían.

115 A veces considero que unos pocos enemigos de Dios y de su Iglesia viven del miedo de muchos buenos, y me lleno de vergüenza.

116 Mientras hablábamos, afirmaba que prefería no salir nunca del chamizo donde vivía, porque le gustaba más contar las vigas de "su" cuadra que las estrellas del cielo.

—Así son muchos, incapaces de prescindir de sus pequeñas cosas, para levantar los ojos al cielo: ¡ya es hora de que adquieran una visión de más altura!

117 Comprendo la alegría sobrenatural y humana de aquél, que tenía la fortuna de ser una avanzadilla en la siembra divina.

"Es estupendo sentirse único, para remover toda una ciudad y sus alrededores", se repetía muy convencido.

—No esperes a contar con más medios o a que vengan otros: las almas te necesitan hoy, ahora.

118 Sé atrevido en tu oración, y el Señor te transformará de pesimista en optimista; de tímido en audaz; de apocado de espíritu en hombre de fe, ¡en apóstol!

119 Los problemas que antes te acogotaban —te parecían altísimas cordilleras— han desaparecido por completo, se han resuelto a lo divino, como cuando el Señor mandó a los vientos y a las aguas que se calmaran.

—¡Y pensar que todavía dudabas!

120 "¡No ayudéis tanto al Espíritu Santo!", me decía un amigo, en broma, pero con mucho miedo.

—Contesté: pienso que "le ayudamos" poco.

121 Cuando veo tantas cobardías, tantas falsas prudencias..., en ellos y en ellas, ardo en deseos de preguntarles: entonces, ¿la fe y la confianza son para predicarlas; no, para practicarlas?

122 Te encuentras en una actitud que te parece bastante rara: por una parte, achicado, al mirar para adentro; y, por otra, seguro, animado, al mirar para arriba.

—No te preocupes: es señal de que te vas conociendo mejor y, ¡esto sí que importa!, de que le vas conociendo mejor a El.

123 ¿Has visto? —¡Con El, has podido! ¿De qué te asombras?

—Convéncete: no tienes de qué maravillarte. Confiando en Dios —¡confiando de veras!—, las cosas resultan fáciles. Y, además, se sobrepasa siempre el límite de lo imaginado.

124 ¿Quieres vivir la audacia santa, para conseguir que Dios actúe a través de ti? —Recurre a María, y Ella te acompañará por el camino de la humildad, de modo que, ante los imposibles para la mente humana, sepas responder con un «fiat!» —¡hágase!, que una la tierra al Cielo.

LUCHAS

125 No todos pueden llegar a ser ricos, sabios, famosos... En cambio, todos —sí, "todos"— estamos llamados a ser santos.

126 Ser fiel a Dios exige lucha. Y lucha cuerpo a cuerpo, hombre a hombre —hombre viejo y hombre de Dios—, detalle a detalle, sin claudicar.

127 La prueba, no lo niego, resulta demasiado dura: tienes que ir cuesta arriba, a "contrapelo".
   —¿Qué te aconsejo? —Repite: «omnia in bonum!», todo lo que sucede, "todo lo que me sucede", es para mi bien... Por tanto —ésta es la

conclusión acertada—: acepta eso, que te parece tan costoso, como una dulce realidad.

128 Hoy no bastan mujeres u hombres buenos. —Además, no es suficientemente bueno el que sólo se contenta con ser casi... bueno: es preciso ser "revolucionario".

Ante el hedonismo, ante la carga pagana y materialista que nos ofrecen, Cristo quiere ¡anticonformistas!, ¡rebeldes de Amor!

129 La santidad, el verdadero afán por alcanzarla, no se toma pausas ni vacaciones.

130 Algunos se comportan, a lo largo de su vida, como si el Señor hubiera hablado de entregamiento y de conducta recta sólo a los que no les costase —¡no existen!—, o a quienes no necesitaran luchar.

Se olvidan de que, para todos, Jesús ha dicho: el Reino de los Cielos se arrebata con violencia, con la pelea santa de cada instante.

131 ¡Qué afán tienen muchos de reformar!

¿No sería mejor que nos reformáramos todos, cada uno, para cumplir fielmente lo que está mandado?

132 Chapoteas en las tentaciones, te pones en peligro, juegas con la vista y con la imaginación, charlas de... estupideces. —Y luego te asustas de que te asalten dudas, escrúpulos, confusiones, tristeza y desaliento.

—Has de concederme que eres poco consecuente.

133 Después del entusiasmo inicial, han comenzado las vacilaciones, los titubeos, los temores. —Te preocupan los estudios, la familia, la cuestión económica y, sobre todo, el pensamiento de que no puedes, de que quizá no sirves, de que te falta experiencia de la vida.

Te daré un medio seguro para superar esos temores —¡tentaciones del diablo o de tu falta de generosidad!—: "desprécialos", quita de tu memoria esos recuerdos. Ya lo predicó de modo tajante el Maestro hace veinte siglos: "¡no vuelvas la cara atrás!"

134 Hemos de fomentar en nuestras almas un verdadero horror al pecado. ¡Señor —repítelo con corazón contrito—, que no te ofenda más!

Pero no te asustes al notar el lastre del pobre cuerpo y de las humanas pasiones: sería tonto

e ingenuamente pueril que te enterases ahora de
que "eso" existe. Tu miseria no es obstáculo, sino
acicate para que te unas más a Dios, para que le
busques con constancia, porque El nos purifica.

135 Si la imaginación bulle alrededor de ti
mismo, crea situaciones ilusorias, composiciones
de lugar que, de ordinario, no encajan con tu camino, te distraen tontamente, te enfrían, y te apar-
tan de la presencia de Dios. —Vanidad.

Si la imaginación revuelve sobre los demás,
fácilmente caes en el defecto de juzgar —cuando
no tienes esa misión—, e interpretas de modo ras-
trero y poco objetivo su comportamiento. —Juicios temerarios.

Si la imaginación revolotea sobre tus propios talentos y modos de decir, o sobre el clima
de admiración que despiertas en los demás, te ex-
pones a perder la rectitud de intención, y a dar pá-
bulo a la soberbia.

Generalmente, soltar la imaginación supone una pérdida de tiempo, pero, además,
cuando no se la domina, abre paso a un filón de
tentaciones voluntarias.

—¡No abandones ningún día la mortificación interior!

136 No me seas tan tontamente ingenuo de pensar que has de sufrir tentaciones, para asegurarte de que estás firme en el camino. Sería como si desearas que te parasen el corazón, para demostrarte que quieres vivir.

137 No dialogues con la tentación. Déjame que te lo repita: ten la valentía de huir; y la reciedumbre de no manosear tu debilidad, pensando hasta dónde podrías llegar. ¡Corta, sin concesiones!

138 No tienes excusa ninguna. La culpa es sólo tuya. Si sabes —te conoces lo suficiente— que, por ese sendero —con esas lecturas, con esa compañía,...—, puedes acabar en el precipicio, ¿por qué te obstinas en pensar que quizá es un atajo que facilita tu formación o que madura tu personalidad?

Cambia radicalmente tu plan, aunque te suponga más esfuerzo, menos diversiones al alcance de la mano. Ya es hora de que te comportes como una persona responsable.

139 Mucho duele al Señor la inconsciencia de tantos y de tantas, que no se esfuerzan en evitar los pecados veniales deliberados. ¡Es lo normal

—piensan y se justifican—, porque en esos tropiezos caemos todos!

Oyeme bien: también la mayoría de aquella chusma, que condenó a Cristo y le dio muerte, empezó sólo por gritar —¡como los otros!—, por acudir al Huerto de los Olivos —¡con los demás!—,...

Al final, empujados también por lo que hacían "todos", no supieron o no quisieron echarse atrás..., ¡y crucificaron a Jesús!

—Ahora, al cabo de veinte siglos, no hemos aprendido.

140 Altibajos. Tienes muchos, ¡demasiados! altibajos.

La razón es clara: hasta aquí, has llevado una vida fácil, y no quieres enterarte de que del "desear" al "darse" media una distancia notable.

141 Como necesariamente, antes o después, has de tropezar con la evidencia de tu propia miseria personal, quiero prevenirte contra algunas tentaciones, que te insinuará entonces el diablo y que has de rechazar enseguida: el pensamiento de que Dios se ha olvidado de ti, de que tu llamada al apostolado es vana, o de que el peso del dolor y de los pecados del mundo son superiores a tus fuerzas de apóstol...

—¡Nada de eso es verdad!

142 Si luchas de verdad, necesitas hacer examen de conciencia.

Cuida el examen diario: mira si sientes dolor de Amor, porque no tratas a Nuestro Señor como debieras.

143 Del mismo modo que muchos acuden a la colocación de "primeras piedras", sin preocuparse de si se acabará después la obra así iniciada, los pecadores se engañan con las "últimas veces".

144 Cuando se trata de "cortar", no lo olvides, la "última vez" ha de ser la anterior, la que ya pasó.

145 Te aconsejo que intentes alguna vez volver... al comienzo de tu "primera conversión", cosa que, si no es hacerse como niños, se le parece mucho: en la vida espiritual, hay que dejarse llevar con entera confianza, sin miedos ni dobleces; hay que hablar con absoluta claridad de lo que se tiene en la cabeza y en el alma.

146 ¡Cómo vas a salir de ese estado de tibieza, de lamentable languidez, si no pones los medios! Luchas muy poco y, cuando te esfuerzas, lo haces como por rabieta y con desazón, casi con deseo de que tus débiles esfuerzos no produzcan efecto, para así autojustificarte: para no exigirte y para que no te exijan más.

—Estás cumpliendo tu voluntad; no la de Dios. Mientras no cambies, en serio, ni serás feliz, ni conseguirás la paz que ahora te falta.

—Humíllate delante de Dios, y procura querer de veras.

147 Qué pérdida de tiempo y qué visión tan humana, cuando todo lo reducen a tácticas, como si ahí estuviera el secreto de la eficacia.

—Se olvidan de que la "táctica" de Dios es la caridad, el Amor sin límites: así colmó El la distancia incolmable que abre el hombre, con el pecado, entre el Cielo y la tierra.

148 Ten sinceridad "salvaje" en el examen de conciencia; es decir, valentía: la misma con la que te miras en el espejo, para saber dónde te has herido o dónde te has manchado, o dónde están tus defectos, que has de eliminar.

149 Necesito prevenirte contra una argucia de "satanás" —así, ¡con minúscula!, porque no se merece más—, que intenta servirse de las circunstancias más normales, para desviarnos poco o mucho del camino que nos lleva a Dios.

Si luchas, y más aun si luchas de veras, no debes extrañarte de que sobrevenga el cansancio o el tiempo de "marchar a contrapelo", sin ningún consuelo espiritual ni humano. Mira lo que me escribían hace tiempo, y que recogí pensando en algunos que ingenuamente consideran que la gracia prescinde de la naturaleza: "Padre: desde hace unos días estoy con una pereza y una apatía tremendas, para cumplir el plan de vida; todo lo hago a la fuerza y con muy poco espíritu. Ruegue por mí para que pase pronto esta crisis, que me hace sufrir mucho pensando en que puede desviarme del camino".

—Me limité a contestar: ¿no sabías que el Amor exige sacrificio? Lee despacio las palabras del Maestro "quien no toma su Cruz «cotidie» —cada día, no es digno de Mí". Y más adelante: "no os dejaré huérfanos...". El Señor permite esa aridez tuya, que tan dura se te hace, para que le ames más, para que confíes sólo en El, para que con la Cruz corredimas, para que le encuentres.

150 ¡Qué poco listo parece el diablo!, me comentabas. No entiendo su estupidez: siempre los mismos engaños, las mismas falsedades...

—Tienes toda la razón. Pero los hombres somos menos listos, y no aprendemos a escarmentar en cabeza ajena... Y satanás cuenta con todo eso, para tentarnos.

151 Oí en cierta ocasión que en las grandes batallas se repite un curioso fenómeno. Aunque la victoria esté asegurada de antemano por la superioridad numérica y de medios, luego, en el tráfago del combate, no faltan momentos en los que amenaza la derrota por la debilidad de un sector. Vienen entonces las órdenes tajantes del alto mando, y se cubren las brechas del flanco en dificultad.

—Pensé en ti y en mí. Con Dios, que no pierde batallas, seremos siempre vencedores. Por eso, en la pelea para la santidad, si te notas sin fuerzas, escucha los mandatos, haz caso, déjate ayudar,... porque El no falla.

152 Abriste sinceramente el corazón a tu Director, hablando en la presencia de Dios..., y fue estupendo comprobar cómo tú solo ibas encon-

trando respuesta adecuada a tus intentos de evasión.

¡Amemos la dirección espiritual!

153 Te lo concedo: te portas decorosamente...
Pero, ¡déjame que te hable con sinceridad!: con
ese paso cansino —reconócelo—, además de que
no eres feliz del todo, te quedas muy lejos de la
santidad.

Por eso te pregunto: ¿de veras te portas decorosamente?, ¿no tendrás un concepto equivo-
cado del decoro?

154 Así, tonteando, con esa frivolidad interior
y exterior, con esas vacilaciones ante la tentación,
con ese querer sin querer, es imposible que avan-
ces en la vida interior.

155 Siempre he pensado que muchos llaman
"mañana", "después", a la resistencia a la gracia.

156 Otra paradoja del camino espiritual: el
alma necesitada de menor reforma en su conducta, se afana más por conseguirla, no se detiene
hasta alcanzarla. Y al revés.

157 A veces te inventas "problemas", porque no acudes a la raíz de tus modos de comportarte.

—Lo único que necesitas tú es un decidido cambio de frente: cumplir lealmente tu deber y ser fiel a las indicaciones que te han dado en la dirección espiritual.

158 Has notado con más fuerza la urgencia, la "idea fija" de ser santo; y has acudido a la lucha cotidiana sin vacilaciones, persuadido de que has de cortar valientemente cualquier síntoma de aburguesamiento.

Luego, mientras hablabas con el Señor en tu oración, has comprendido con mayor claridad que lucha es sinónimo de Amor, y le has pedido un Amor más grande, sin miedo al combate que te espera, porque pelearás por El, con El y en El.

159 ¿Líos?... Sé sincero, y reconoce que prefieres ser esclavo de un egoísmo tuyo, en lugar de servir a Dios o a aquella alma. —¡Cede!

160 «Beatus vir qui suffert tentationem...» —bienaventurado el hombre que sufre tentación porque, después de que haya sido probado, recibirá la corona de Vida.

¿No te llena de alegría comprobar que ese deporte interior es una fuente de paz que nunca se agota?

161 «Nunc coepi!» —¡ahora comienzo!: es el grito del alma enamorada que, en cada instante, tanto si ha sido fiel como si le ha faltado generosidad, renueva su deseo de servir —¡de amar!— con lealtad enteriza a nuestro Dios.

162 Te ha dolido en el alma cuando te dijeron: tú, lo que buscas no es la conversión, sino un estuche para tus miserias...; y así, seguir cómodamente —¡pero con sabor de acíbar!— arrastrando esa triste carga.

163 No sabes si será decaimiento físico o una especie de cansancio interior lo que se ha apoderado de ti, o las dos cosas a la vez...: luchas sin lucha, sin el afán de una auténtica mejora positiva, para pegar la alegría y el amor de Cristo a las almas.

Quiero recordarte las palabras claras del Espíritu Santo: sólo será coronado el que haya peleado «legitime» —de verdad, a pesar de los pesares.

164 Podría portarme mejor, ser más decidido, derrochar más entusiasmo... ¿Por qué no lo hago?

Porque —perdona mi franqueza— eres un majadero: el diablo conoce de sobra que una de las puertas del alma peor guardadas es la de la tontería humana: la vanidad. Por ahí carga ahora con todas sus fuerzas: recuerdos pseudosentimentales, complejo de oveja negra en su visión histérica, impresión de una hipotética falta de libertad...

¿A qué esperas para enterarte de la sentencia del Maestro: vigilad y orad, porque no sabéis ni el día ni la hora?

165 Me comentaste con aire fanfarrón e inseguro: unos suben y otros bajan... Y otros, ¡como yo!, estamos tumbados en el camino.

Me dio tristeza tu indolencia, y añadí: de los haraganes tiran a remolque los que suben; y, de ordinario, con más fuerza los que bajan. ¡Piensa qué descamino tan penoso te buscas!

Ya lo señaló el santo obispo de Hipona: no avanzar es retroceder.

166 En tu vida hay dos piezas que no encajan: la cabeza y el sentimiento.

La inteligencia —iluminada por la fe— te muestra claramente no sólo el camino, sino la diferencia entre la manera heroica y la estúpida de recorrerlo. Sobre todo, te pone delante la grandeza y la hermosura divina de las empresas que la Trinidad deja en nuestras manos.

El sentimiento, en cambio, se apega a todo lo que desprecias, incluso mientras lo consideras despreciable. Parece como si mil menudencias estuvieran esperando cualquier oportunidad, y tan pronto como —por cansancio físico o por pérdida de visión sobrenatural— tu pobre voluntad se debilita, esas pequeñeces se agolpan y se agitan en tu imaginación, hasta formar una montaña que te agobia y te desalienta: las asperezas del trabajo; la resistencia a obedecer; la falta de medios; las luces de bengala de una vida regalada; pequeñas y grandes tentaciones repugnantes; ramalazos de sensiblería; la fatiga; el sabor amargo de la mediocridad espiritual... Y, a veces, también el miedo: miedo porque sabes que Dios te quiere santo y no lo eres.

Permíteme que te hable con crudeza. Te sobran "motivos" para volver la cara, y te faltan arrestos para corresponder a la gracia que Él te concede, porque te ha llamado a ser otro Cristo,

«ipse Christus!» —el mismo Cristo. Te has olvidado de la amonestación del Señor al Apóstol:
"¡te basta mi gracia!", que es una confirmación
de que, si quieres, puedes.

167 Recupera el tiempo que has perdido des-
cansando sobre los laureles de la complacencia en
ti mismo, al creerte una persona buena, como si
fuese suficiente ir tirando, sin robar ni matar.

      Aprieta el paso en la piedad y en el trabajo:
¡te queda tanto por recorrer aún!; convive a gusto
con todos, también con los que te molestan; y esfuérzate para amar —¡para servir!— a quienes
antes despreciabas.

168 Mostraste tus miserias pasadas —llenas de
pus— en la confesión. Y el sacerdote actuó en tu
alma como un buen médico, como un médico
honrado: cortó donde hacía falta, y no permitió
que cerrara la herida hasta que la limpieza fue
completa. —Agradécelo.

169 Da muy buenos resultados emprender las
cosas serias con espíritu deportivo... ¿He perdido
varias jugadas? —Bien, pero —si persevero— al
fin ganaré.

170 Conviértete ahora, cuando aún te sientes joven... ¡Qué difícil es rectificar cuando ha envejecido el alma!

171 «Felix culpa!», canta la Iglesia... Bendito error el tuyo —te repito al oído—, si te ha servido para no recaer; y también para mejor comprender y ayudar al prójimo, que no es de más baja calidad que tú.

172 ¿Es posible —preguntas después de haber rechazado la tentación—, es posible, Señor, que yo sea... ese otro?

173 Voy a resumirte tu historia clínica: aquí caigo y allá me levanto...: esto último es lo importante. —Pues sigue con esa íntima pelea, aunque vayas a paso de tortuga. ¡Adelante!

—Bien sabes, hijo, hasta dónde puedes llegar, si no luchas: el abismo llama a otros abismos.

174 Estás avergonzado, delante de Dios y de los demás. Has descubierto en ti roña vieja y renovada: no hay instinto, ni tendencia mala, que no sientas a flor de piel... y tienes la nube de la incertidumbre en el corazón. Además, aparece la

tentación cuando menos lo quieres o la esperas, cuando por fatiga afloja tu voluntad.

No sabes ya si te humilla, aunque te duele verte así... Pero que te duela por El, por Amor de El; esta contrición de amor te ayudará a permanecer vigilante, porque la pelea durará mientras vivamos.

175 ¡Qué grandes deseos te consumen de resellar la entrega que hiciste en su momento: saberte y vivir como hijo de Dios!

—Pon en las manos del Señor tus muchas miserias e infidelidades. También, porque es el único modo de aliviar su peso.

176 Renovación no es relajación.

177 Días de retiro. Recogimiento para conocer a Dios, para conocerte y así progresar. Un tiempo necesario para descubrir en qué y cómo hay que reformarse: ¿qué he de hacer?, ¿qué debo evitar?

178 Que no se vuelva a repetir lo del año pasado.

—"¿Qué tal el retiro?", te preguntaron. Y contestaste: "hemos descansado muy bien".

179 Días de silencio y de gracia intensa... Oración cara a cara con Dios...

He roto en acción de gracias, al contemplar a aquellas personas, graves por los años y por la experiencia, que se abren a los toques divinos y responden como niños, ilusionadas ante la posibilidad de convertir aún su vida en algo útil..., que borre todos sus descaminos y todos sus olvidos.

—Recordando aquella escena, te he encarecido: no descuides tu lucha en la vida de piedad.

180 «Auxilium christianorum!» —Auxilio de los cristianos, reza con seguridad la letanía lauretana. ¿Has probado a repetir esa jaculatoria en tus trances difíciles? Si lo haces con fe, con ternura de hija o de hijo, comprobarás la eficacia de la intercesión de tu Madre Santa María, que te llevará a la victoria.

PESCADORES DE HOMBRES

181 Veíamos, mientras hablábamos, las tierras de aquel continente. —Se te encendieron en lumbres los ojos, se llenó de impaciencia tu alma y, con el pensamiento en aquellas gentes, me dijiste: ¿será posible que, al otro lado de estos mares, la gracia de Cristo se haga ineficaz?

Luego, tú mismo te diste la respuesta: El, en su bondad infinita, quiere servirse de instrumentos dóciles.

182 ¡Qué compasión te inspiran!... Querrías gritarles que están perdiendo el tiempo... ¿Por qué son tan ciegos, y no perciben lo que tú —miserable— has visto? ¿Por qué no han de preferir lo mejor?

—Reza, mortifícate, y luego —¡tienes obligación!— despiértales uno a uno, explicándoles —también uno a uno— que, lo mismo que tú, pueden encontrar un camino divino, sin abandonar el lugar que ocupan en la sociedad.

183 Empezaste con muchos bríos. Pero poco a poco te has ido achicando... Y vas a acabar metido en tu pobre caparazón, si sigues empequeñeciendo tu horizonte.

—¡Cada vez has de ensanchar más tu corazón, con hambres de apostolado!: de cien almas nos interesan las cien.

184 Agradece al Señor la continua delicadeza, paternal y maternal, con que te trata.

Tú, que siempre soñaste con grandes aventuras, te has comprometido en una empresa estupenda..., que te lleva a la santidad.

Insisto: agradéceselo a Dios, con una vida de apostolado.

185 Cuando te lances al apostolado, convéncete de que se trata siempre de hacer feliz, muy feliz, a la gente: la Verdad es inseparable de la auténtica alegría.

186 Personas de diversas naciones, de distintas razas, de muy diferentes ambientes y profesiones... Al hablarles de Dios, palpas el valor humano y sobrenatural de tu vocación de apóstol. Es como si revivieras, en su realidad total, el milagro de la primera predicación de los discípulos del Señor: frases dichas en lengua extraña, mostrando un camino nuevo, han sido oídas por cada uno en el fondo de su corazón, en su propia lengua. Y por tu cabeza pasa, tomando nueva vida, la escena de que "partos, medos y elamitas..." se han acercado felices a Dios.

187 Oyeme bien y hazme eco: el cristianismo es Amor; el trato con Dios es diálogo eminentemente afirmativo; la preocupación por los demás —el apostolado— no es un artículo de lujo, ocupación de unos pocos.

—Ahora que lo sabes, llénate de gozo, porque tu vida ha adquirido un sentido completamente distinto, y sé consecuente.

188 Naturalidad, sinceridad, alegría: condiciones indispensables, en el apóstol, para atraer a las gentes.

189 No podía ser más sencilla la manera de llamar Jesús a los primeros doce: "ven y sígueme".

Para ti, que buscas tantas excusas con el fin de no continuar esa tarea, se acomoda como el guante a la mano la consideración de que muy pobre era la ciencia humana de aquellos primeros; y, sin embargo, ¡cómo removieron a quienes les escuchaban!

—No me lo olvides: la labor la sigue haciendo El, a través de cada uno de nosotros.

190 Las vocaciones de apóstol las envía Dios. Pero tú no debes dejar de poner los medios: oración, mortificación, estudio o trabajo, amistad, visión sobrenatural..., ¡vida interior!

191 Cuando te hablo de "apostolado de amistad", me refiero a amistad "personal", sacrificada, sincera: de tú a tú, de corazón a corazón.

192 En el apostolado de amistad y confidencia, el primer paso es la comprensión, el servicio..., y la santa intransigencia en la doctrina.

193 Quienes han encontrado a Cristo no pueden cerrarse en su ambiente: ¡triste cosa sería

ese empequeñecimiento! Han de abrirse en abanico para llegar a todas las almas. Cada uno ha
de crear —y de ensanchar— un círculo de amigos, sobre el que influya con su prestigio profesional, con su conducta, con su amistad, procurando que Cristo influya por medio de ese
prestigio profesional, de esa conducta, de esa
amistad.

194 Has de ser una brasa encendida, que lleve
fuego a todas partes. Y, donde el ambiente sea incapaz de arder, has de aumentar su temperatura
espiritual.

> —Si no, estás perdiendo el tiempo misera-
blemente, y haciéndolo perder a quienes te rodean.

195 Cuando hay celo por las almas, siempre se
encuentra gente buena, siempre se descubre terreno abonado. ¡No hay disculpa!

196 Convéncete: también ahí, hay muchos que
pueden entender tu camino; almas que —cons-
ciente o inconscientemente— buscan a Cristo y
no le encuentran. Pero "¿cómo oirán hablar de El,
si nadie les habla?"

197 No me digas que cuidas tu vida interior, si no haces un apostolado intenso, sin pausa: el Señor —a Quien tú me aseguras que tratas— quiere que todos los hombres se salven.

198 Ese camino es muy difícil, te ha dicho. Y, al oírlo, has asentido ufano, recordando aquello de que la Cruz es la señal cierta del camino verdadero... Pero tu amigo se ha fijado sólo en la parte áspera del sendero, sin tener en cuenta la promesa de Jesús: "mi yugo es suave".

Recuérdaselo, porque —quizá cuando lo sepa— se entregará.

199 ¿Que no tiene tiempo?... Mejor. Precisamente a Cristo le interesan los que no tienen tiempo.

200 Al considerar que son muchos los que desaprovechan la gran ocasión, y dejan pasar de largo a Jesús, piensa: ¿de dónde me viene a mí esa llamada clara, tan providencial, que me mostró mi camino?

—Medítalo a diario: el apóstol ha de ser siempre otro Cristo, el mismo Cristo.

201 No te sorprendas y no te amilanes porque te ha reprochado que le hayas puesto frente a

frente con Cristo, ni porque te haya añadido, indignado: "ya no puedo vivir tranquilo sin tomar
una decisión..."

Encomiéndale... Es inútil que trates de
tranquilizarle: quizá se le ha puesto en primer
plano una antigua inquietud, la voz de su conciencia.

202 ¿Se te escandalizan porque hablas de entrega a quienes nunca habían pensado en ese problema?... —Bien, ¿y qué?: si tú tienes vocación
de apóstol de apóstoles.

203 No llegas a la gente, porque hablas un
"idioma" distinto. Te aconsejo la naturalidad.
¡Esa formación tuya tan artificial!

204 ¿Vacilas en lanzarte a hablar de Dios, de
vida cristiana, de vocación..., porque no quieres
hacer sufrir?... Olvidas que no eres tú quien
llama, sino El: «ego scio quos elegerim» —yo sé
bien a los que tengo escogidos.

Además, me disgustaría que, detrás de
esos falsos respetos, se escondiera la comodidad
o la tibieza: ¿a estas alturas prefieres una pobre
amistad humana a la amistad de Dios?

205 Has tenido una conversación con éste, con aquél, con el de más allá, porque te consume el celo por las almas.

Aquél cogió miedo; el otro consultó a un "prudente", que le ha orientado mal... —Persevera: que ninguno pueda después excusarse afirmando «quia nemo nos conduxit» —nadie nos ha llamado.

206 Comprendo tu impaciencia santa, pero a la vez has de considerar que algunos necesitan pensárselo mucho, que otros irán respondiendo con el tiempo... Aguárdalos con los brazos abiertos: condimenta tu impaciencia santa con oración y mortificación abundantes. —Vendrán más jóvenes y generosos; se habrán sacudido su aburguesamiento y serán más valientes.

¡Cómo los espera Dios!

207 La fe es un requisito imprescindible en el apostolado, que muchas veces se manifiesta en la constancia para hablar de Dios, aunque tarden en venir los frutos.

Si perseveramos, si insistimos bien convencidos de que el Señor lo quiere, también a tu alrededor, por todas partes, se apreciarán señales de una revolución cristiana: unos se entregarán, otros se tomarán en serio su vida interior, y otros —los más flojos— quedarán al menos alertados.

208 Días de auténtico alborozo: ¡tres más!

Se cumplen las palabras de Jesús: "mi Padre se glorifica en que vosotros llevéis mucho fruto, y seáis discípulos míos".

209 Me has hecho sonreír, porque te entiendo muy bien, cuando me decías: me entusiasma la posibilidad de ir a nuevas tierras, a abrir brecha, quizá muy lejos... Tendría que enterarme de si hay hombres en la luna.

—Pide al Señor que te aumente ese celo apostólico.

210 A veces, cara a esas almas dormidas, entran unas ansias locas de gritarles, de sacudirlas, de hacerlas reaccionar, para que salgan de ese sopor terrible en que se hallan sumidas. ¡Es tan triste ver cómo andan, dando palos de ciego, sin acertar con el camino!

—Cómo comprendo ese llanto de Jesús por Jerusalén, como fruto de su caridad perfecta...

211 Profundiza cada día en la hondura apostólica de tu vocación cristiana. —El levantó hace veinte siglos —para que tú y yo lo proclamemos al oído de los hombres— un banderín de enganche, abierto a todos los que tienen un corazón sincero y capacidad de amar... ¡Qué llamadas más claras quieres que el «ignem veni mittere in terram» —fuego he venido a traer a la tierra, y la consideración de esos dos mil quinientos millones de almas que todavía no conocen a Cristo!

212 «Hominem non habeo» —no tengo a nadie que me ayude. Esto podrían asegurar, ¡desdichadamente!, muchos enfermos y paralíticos del espíritu, que pueden servir... y deben servir.

Señor: que nunca me quede indiferente ante las almas.

213 Ayúdame a pedir una nueva Pentecostés, que abrase otra vez la tierra.

214 "Si alguno de los que me siguen no aborrece a su padre y a su madre y a la mujer y a los hijos y a los hermanos y hermanas, y aun a su vida misma, no puede ser mi discípulo".

Cada vez veo más claro, Señor, que los lazos de sangre, si no pasan por tu Corazón amabilísimo, son para unos motivo permanente de cruz; para otros, origen de tentaciones —más o menos directas— contra la perseverancia; para otros, causa de ineficacia absoluta; y, para todos, lastre que se opone a un entregamiento total.

215 La reja que rotura y abre el surco, no ve la semilla ni el fruto.

216 Después de tu decisión, cada día haces un descubrimiento nuevo. Recuerdas el ayer, cuando te preguntabas constantemente: "¿y esto, cómo?"..., para seguir luego en tus dudas o en tus desencantos...

Ahora siempre encuentras la respuesta exacta, razonada y clara. Y, al oír cómo contestan a tus preguntas a veces pueriles, se te ocurre pensar: "así debió de atender Jesús a los primeros Doce".

217 ¡Vocaciones, Señor, más vocaciones! No me importa si la siembra fue mía o de otro —¡sembraste Tú, Jesús, con nuestras manos!—; sólo sé que nos has prometido la madurez del fruto: «et fructus vester maneat!» —que vuestro fruto será duradero.

218 Sé claro. Si te dicen que vas "a pescarlos", responde que sí, que eso deseas... Pero..., ¡que no se preocupen! Porque, si no tienen vocación —si El no les llama—, no vendrán; y si la tienen, qué bochorno acabar como el joven rico del Evangelio: solos y tristes.

219 Tu tarea de apóstol es grande y hermosa. Estás en el punto de confluencia de la gracia con la libertad de las almas; y asistes al momento solemnísimo de la vida de algunos hombres: su encuentro con Cristo.

220 Parece que os han escogido uno a uno..., decía.

—¡Y así es!

221 Convéncete: necesitas formarte bien, de cara a esa avalancha de gente que se nos vendrá encima, con la pregunta precisa y exigente: —"bueno, ¿qué hay que hacer?"

222 Una receta eficaz para tu espíritu apostólico: planes concretos, no de sábado a sábado, sino de hoy a mañana, y de ahora a luego.

223 Cristo espera mucho de tu labor. Pero has de ir a buscar a las almas, como el Buen Pastor salió tras la oveja centésima: sin aguardar a que te llamen. Luego, sírvete de tus amigos para hacer bien a otros: nadie puede sentirse tranquilo —díselo a cada uno— con una vida espiritual que, después de llenarle, no rebose hacia fuera con celo apostólico.

224 No es tolerable que pierdas el tiempo en "tus tonterías", cuando hay tantas almas que te esperan.

225 Apostolado de la doctrina: ése será siempre tu apostolado.

226 La maravilla de la Pentecostés es la consagración de todos los caminos: nunca puede entenderse como monopolio ni como estimación de uno solo en detrimento de otros.

Pentecostés es indefinida variedad de lenguas, de métodos, de formas de encuentro con Dios: no uniformidad violenta.

227 Me escribías: se unió a nuestro grupo un chico joven, que iba hacia el norte. Era minero.

Cantaba muy bien, y vino acompañando a nuestro coro. Le encomendé hasta que llegó a su estación. Al despedirse, comentó: "¡cuánto me gustaría prolongar el viaje con vosotros!"

—Me acordé enseguida del «mane nobiscum!» —¡quédate con nosotros, Señor!, y le pedí nuevamente con fe, que los demás "le vean" en cada uno de nosotros, compañeros de "su camino".

228 Por "el sendero del justo descontento", se han ido y se están yendo las masas.

Duele..., pero ¡cuántos resentidos hemos fabricado, entre los que están espiritual o materialmente necesitados!

—Hace falta volver a meter a Cristo entre los pobres y entre los humildes: precisamente entre ellos es donde más a gusto se encuentra.

229 Profesor: que te ilusione hacer comprender a los alumnos, en poco tiempo, lo que a ti te ha costado horas de estudio llegar a ver claro.

230 El deseo de "enseñar", y "enseñar de corazón", crea en los alumnos un agradecimiento, que constituye terreno idóneo para el apostolado.

231 Me gusta ese lema: "cada caminante siga su camino", el que Dios le ha marcado, con fidelidad, con amor, aunque cueste.

232 ¡Qué lección tan extraordinaria cada una de las enseñanzas del Nuevo Testamento! —Después de que el Maestro, mientras asciende a la diestra de Dios Padre, les ha dicho: "id y predicad a todas las gentes", se han quedado los discípulos con paz. Pero aún tienen dudas: no saben qué hacer, y se reúnen con María, Reina de los Apóstoles, para convertirse en celosos pregoneros de la Verdad que salvará al mundo.

SUFRIMIENTO

233 Me comentabas que hay escenas de la vida de Jesús que te emocionan más: cuando se pone en contacto con hombres en carne viva..., cuando lleva la paz y la salud a los que tienen destrozados su alma y su cuerpo por el dolor... Te entusiasmas —insistías— al verle curar la lepra, devolver la vista, sanar al paralítico de la piscina: al pobre del que nadie se acuerda. ¡Le contemplas entonces tan profundamente humano, tan a tu alcance!

—Pues..., Jesús sigue siendo el de entonces.

234 Pediste al Señor que te dejara sufrir un poco por El. Pero luego, cuando llega el padecimiento en forma tan humana, tan normal —dificultades y problemas familiares..., o esas mil pequeñeces de la vida ordinaria—, te cuesta trabajo ver a Cristo detrás de eso. —Abre con docilidad tus manos a esos clavos..., y tu dolor se convertirá en gozo.

235 No te quejes, si sufres. Se pule la piedra que se estima, la que vale.

¿Te duele? —Déjate tallar, con agradecimiento, porque Dios te ha tomado en sus manos como un diamante... No se trabaja así un guijarro vulgar.

236 Los que huyen cobardemente del sufrimiento, tienen materia de meditación al ver con qué entusiasmo otras almas abrazan el dolor.

No son pocos los hombres y las mujeres que saben padecer cristianamente. Sigamos su ejemplo.

237 ¿Te lamentas?... y me explicas como si tuvieras la razón: ¡un pinchazo!... ¡Otro!...

—¿Pero no te haces cargo de que es tonto sorprenderse de que haya espinas entre las rosas?

238 Déjame que, como hasta ahora, te siga hablando en confidencia: me basta tener delante de

mí un Crucifijo, para no atreverme a hablar de mis sufrimientos... Y no me importa añadir que he sufrido mucho, siempre con alegría.

239 ¿No te comprenden?... El era la Verdad y la Luz, pero tampoco los suyos le comprendieron.
—Como tantas veces te he hecho considerar, acuérdate de las palabras del Señor: "no es el discípulo más que el Maestro".

240 Para un hijo de Dios, las contradicciones y calumnias son, como para un soldado, heridas recibidas en el campo de batalla.

241 Te traen y te llevan... La fama, ¿qué importa?
En todo caso, no sientas vergüenza ni pena por ti, sino por ellos: por los que te maltratan.

242 A veces no quieren entender: están como cegados... Pero, otras, eres tú el que no ha logrado hacerse comprender: ¡corrígete!

243 No basta tener razón. Además, es necesario saber hacerla valer..., y que los otros quieran reconocerla.

Sin embargo, afirma la verdad siempre que sea necesario, sin detenerte por el "qué dirán".

244 Si frecuentas la escuela del Maestro, no te extrañará que también tengas que bregar contra la incomprensión de tantas y de tantas personas, que podrían ayudarte muchísimo, sólo con que hicieran el menor esfuerzo por ser comprensivos.

245 No le has maltratado físicamente... Pero le has ignorado tantas veces; le has mirado con indiferencia, como a un extraño.
—¿Te parece poco?

246 Sin pretenderlo, los que persiguen santifican... —Pero, ¡ay de estos "santificadores"!

247 En la tierra, muchas veces pagan calumniando.

248 Hay almas que parecen empeñadas en inventarse sufrimientos, torturándose con la imaginación.
Después, cuando llegan penas y contradicciones objetivas, no saben estar como la Santísima Virgen, al pie de la Cruz, con la mirada pendiente de su Hijo.

249 ¡Sacrificio, sacrificio! —Es verdad que seguir a Jesucristo —lo ha dicho El— es llevar la Cruz. Pero no me gusta oír a las almas que aman al Señor hablar tanto de cruces y de renuncias: porque, cuando hay Amor, el sacrificio es gustoso —aunque cueste— y la cruz es la Santa Cruz.

—El alma que sabe amar y entregarse así, se colma de alegría y de paz. Entonces, ¿por qué insistir en "sacrificio", como buscando consuelo, si la Cruz de Cristo —que es tu vida— te hace feliz?

250 ¡Cuánta neurastenia e histeria se quitaría, si —con la doctrina católica— se enseñase de verdad a vivir como cristianos: amando a Dios y sabiendo aceptar las contrariedades como bendición venida de su mano!

251 No pases indiferente ante el dolor ajeno. Esa persona —un pariente, un amigo, un colega..., ése que no conoces— es tu hermano.

—Acuérdate de lo que relata el Evangelio y que tantas veces has leído con pena: ni siquiera los parientes de Jesús se fiaban de El. —Procura que la escena no se repita.

252 Imagínate que en la tierra no existe más que Dios y tú.

—Así te será más fácil sufrir las mortificaciones, las humillaciones... Y, finalmente, harás las cosas que Dios quiere y como El las quiere.

253 A veces —comentaba aquel enfermo consumido de celo por las almas— protesta un poco el cuerpo, se queja. Pero trato también de transformar "esos quejidos" en sonrisas, porque resultan muy eficaces.

254 Un morbo incurable, que limitaba su acción. Y, sin embargo, me aseguraba gozoso: "la enfermedad se porta bien conmigo y cada vez la amo más; si me dieran a escoger, ¡volvería a nacer así cien veces!"

255 Jesús llegó a la Cruz, después de prepararse durante treinta y tres años, ¡toda su Vida!

—Sus discípulos, si de veras desean imitarle, deben convertir su existencia en corredención de Amor, con la propia negación, activa y pasiva.

256 La Cruz está presente en todo, y viene cuando uno menos se la espera. —Pero no olvi-

des que, ordinariamente, van parejos el comienzo
de la Cruz y el comienzo de la eficacia.

257   El Señor, Sacerdote Eterno, bendice siempre con la Cruz.

258   «Cor Mariae perdolentis, miserere nobis!»
—invoca al Corazón de Santa María, con ánimo
y decisión de unirte a su dolor, en reparación por
tus pecados y por los de los hombres de todos los
tiempos.

   —Y pídele —para cada alma— que ese
dolor suyo aumente en nosotros la aversión al pecado, y que sepamos amar, como expiación, las
contrariedades físicas o morales de cada jornada.

HUMILDAD

259 "La oración" es la humildad del hombre que reconoce su profunda miseria y la grandeza de Dios, a quien se dirige y adora, de manera que todo lo espera de El y nada de sí mismo.

"La fe" es la humildad de la razón, que renuncia a su propio criterio y se postra ante los juicios y la autoridad de la Iglesia.

"La obediencia" es la humildad de la voluntad, que se sujeta al querer ajeno, por Dios.

"La castidad" es la humildad de la carne, que se somete al espíritu.

"La mortificación" exterior es la humildad de los sentidos.

"La penitencia" es la humildad de todas las pasiones, inmoladas al Señor.

—La humildad es la verdad en el camino de la lucha ascética.

260 Es muy grande cosa saberse nada delante de Dios, porque así es.

261 "Aprended de mí, que soy manso y humilde de corazón..." ¡Humildad de Jesús!... ¡Qué lección para ti, que eres un pobre instrumento de barro!: El —siempre misericordioso— te ha levantado, haciendo brillar en tu vileza, gratuitamente ensalzada, las luces del sol de la gracia. Y tú, ¡cuántas veces has disfrazado tu soberbia so capa de dignidad, de justicia...! ¡Y cuántas ocasiones de aprender del Maestro has desaprovechado, por no haber sabido sobrenaturalizarlas!

262 Esas depresiones, porque ves o porque descubren tus defectos, no tienen fundamento...

—Pide la verdadera humildad.

263 Déjame que te recuerde, entre otras, algunas señales evidentes de falta de humildad:

—pensar que lo que haces o dices está mejor hecho o dicho que lo de los demás;

—querer salirte siempre con la tuya;

—disputar sin razón o —cuando la tienes— insistir con tozudez y de mala manera;

—dar tu parecer sin que te lo pidan, ni lo exija la caridad;

—despreciar el punto de vista de los demás;

—no mirar todos tus dones y cualidades como prestados;

—no reconocer que eres indigno de toda honra y estima, incluso de la tierra que pisas y de las cosas que posees;

—citarte a ti mismo como ejemplo en las conversaciones;

—hablar mal de ti mismo, para que formen un buen juicio de ti o te contradigan;

—excusarte cuando se te reprende;

—encubrir al Director algunas faltas humillantes, para que no pierda el concepto que de ti tiene;

—oír con complacencia que te alaben, o alegrarte de que hayan hablado bien de ti;

—dolerte de que otros sean más estimados que tú;

—negarte a desempeñar oficios inferiores;

—buscar o desear singularizarte;

—insinuar en la conversación palabras de alabanza propia o que dan a entender tu honradez, tu ingenio o destreza, tu prestigio profesional...;

—avergonzarte porque careces de ciertos bienes...

264 Ser humilde no equivale a tener angustia o temor.

265 Huyamos de esa falsa humildad que se llama comodidad.

266 Le dice Pedro: ¡Señor!, ¿Tú lavarme a mí los pies? Respondió Jesús: lo que yo hago, tú no lo entiendes ahora; lo entenderás después. Insiste Pedro: jamás me lavarás Tú los pies a mí. Replicó Jesús: si yo no te lavare, no tendrás parte conmigo. Se rinde Simón Pedro: Señor, no solamente los pies, sino también las manos y la cabeza.

Ante la llamada a un entregamiento total, completo, sin vacilaciones, muchas veces oponemos una falsa modestia, como la de Pedro... ¡Ojalá fuéramos también hombres de corazón, como el Apóstol!: Pedro no permite a nadie amar más que él a Jesús. Ese amor lleva a reaccionar así: ¡aquí estoy!, ¡lávame manos, cabeza, pies!, ¡purifícame del todo!, que yo quiero entregarme a Ti sin reservas.

267 Para ti, transcribo de una carta: "me encanta la humildad evangélica. Pero me subleva el encogimiento aborregado e inconsciente de algunos cristianos, que desprestigian así a la Iglesia. En ellos debió de fijarse aquel escritor ateo, cuando dijo que la moral cristiana es una moral de esclavos..." Realmente somos siervos: siervos elevados a la categoría de hijos de Dios, que no desean conducirse como esclavos de las pasiones.

268 El convencimiento de tu "mala pasta" —tu propio conocimiento— te dará la reacción sobrenatural, que hará arraigar más y más en tu alma el gozo y la paz, ante la humillación, el desprecio, la calumnia...

Después del «fiat» —Señor, lo que Tú quieras—, tu raciocinio en esos casos deberá ser: "¿sólo ha dicho eso? Se ve que no me conoce; de otro modo, no se habría quedado tan corto".

Como estás convencido de que mereces peor trato, sentirás gratitud hacia aquella persona, y te gozarás en lo que a otro le haría sufrir.

269 Cuanto más alta se alza la estatua, tanto más duro y peligroso es después el golpe en la caída.

270 Acude a la dirección espiritual cada vez con mayor humildad, y puntualmente, que es también humildad.

Piensa —no te equivocas, porque ahí Dios te habla— que eres como un niño pequeño, ¡sincero!, al que van enseñando a hablar, a leer, a conocer las flores y los pájaros, a vivir las alegrías y las penas, a fijarse en el suelo que pisa.

271 "Sigo siendo una pobre criatura", me dices.

Pero, antes, al verlo, ¡te llevabas cada mal rato! Ahora, sin acostumbramientos ni cesiones, te vas acostumbrando a sonreír, y a volver a empezar tu lucha con una alegría creciente.

272 Si eres sensato, humilde, habrás observado que nunca se acaba de aprender... Sucede lo mismo en la vida; aun los más doctos tienen algo que aprender, hasta el fin de su vida; si no, dejan de ser doctos.

273 Buen Jesús: si he de ser apóstol, es preciso que me hagas muy humilde.

El sol envuelve de luz cuanto toca: Señor, lléname de tu claridad, endiósame: que yo me identifique con tu Voluntad adorable, para convertirme en el instrumento que deseas... Dame tu locura de humillación: la que te llevó a nacer pobre, al trabajo sin brillo, a la infamia de morir cosido con hierros a un leño, al anonadamiento del Sagrario.

—Que me conozca: que me conozca y que te conozca. Así jamás perderé de vista mi nada.

274 Sólo los tontos son testarudos: los muy tontos, muy testarudos.

275 No me olvides que, en los asuntos humanos, también los otros pueden tener razón: ven la misma cuestión que tú, pero desde distinto punto de vista, con otra luz, con otra sombra, con otro contorno.

—Sólo en la fe y en la moral hay un criterio indiscutible: el de nuestra Madre la Iglesia.

276 ¡Qué bueno es saber rectificar!... Y, ¡qué pocos los que aprenden esta ciencia!

277 Antes que faltar a la caridad, cede: no resistas, siempre que sea posible... Ten la humildad de la hierba, que se aplasta sin distinguir el pie que la pisa.

278 A la conversión se sube por la humildad, por caminos de abajarse.

279 Me decías: "¡hay que decapitar el 'yo'!..." —Pero, ¡cómo cuesta!, ¿no?

280 Muchas veces es preciso hacerse violencia, para humillarse y repetir de veras al Señor: «serviam!» —te serviré.

281 «Memento, homo, quia pulvis es...» —recuerda, hombre, que eres polvo... —Si eres polvo, ¿por qué te ha de molestar que te pisen?

282 Por la senda de la humildad se va a todas partes..., fundamentalmente al Cielo.

283 Camino seguro de humildad es meditar cómo, aun careciendo de talento, de renombre y de fortuna, podemos ser instrumentos eficaces, si acudimos al Espíritu Santo para que nos dispense sus dones.

Los Apóstoles, a pesar de haber sido instruidos por Jesús durante tres años, huyeron despavoridos ante los enemigos de Cristo. Sin embargo, después de Pentecostés, se dejaron azotar y encarcelar, y acabaron dando la vida en testimonio de su fe.

284 Es verdad que nadie puede estar cierto de su perseverancia... Pero esa incertidumbre es un motivo más de humildad, y prueba evidente de nuestra libertad.

285 Aunque eres tan poca cosa, Dios se ha servido de ti, y continúa sirviéndose, para trabajos fecundos por su gloria.

—No te engrías. Piensa: ¿qué diría de sí mismo el instrumento de acero o de hierro, que el artista utiliza para montar joyas de oro y de piedras finas?

286 ¿Qué vale más: un kilo de oro o uno de cobre?... Y, sin embargo, en muchos casos el cobre sirve más y mejor que el oro.

287 Tu vocación —llamada de Dios— es de dirigir, de arrastrar, de servir, de ser caudillo. Si tú, por falsa o por mal entendida humildad, te aíslas, encerrándote en tu rincón, faltas a tu deber de instrumento divino.

288　Cuando el Señor se sirve de ti para derramar su gracia en las almas, recuerda que tú no eres más que el envoltorio del regalo: un papel que se rompe y se tira.

289　«Quia respexit humilitatem ancillae suae» —porque vio la bajeza de su esclava...

—¡Cada día me persuado más de que la humildad auténtica es la base sobrenatural de todas las virtudes!

Habla con Nuestra Señora, para que Ella nos adiestre a caminar por esa senda.

CIUDADANÍA

290 El mundo nos espera. ¡Sí!, amamos apasionadamente este mundo porque Dios así nos lo ha enseñado: «sic Deus dilexit mundum...» —así Dios amó al mundo; y porque es el lugar de nuestro campo de batalla —una hermosísima guerra de caridad—, para que todos alcancemos la paz que Cristo ha venido a instaurar.

291 El Señor ha tenido esta finura de Amor con nosotros: permitirnos que le conquistemos la tierra.

El —¡tan humilde siempre!— quiso limitarse a convertirlo en posible... A nosotros nos ha concedido la parte más hacedera y agradable: la de la acción y la del triunfo.

292 El mundo... —"¡Esto es lo nuestro!"... —Y lo afirmas, después de poner la mirada y la cabeza en el cielo, con la seguridad del labriego que camina soberano por su propia mies: «regnare Christum volumus!» —¡queremos que El reine sobre esta tierra suya!

293 "Es tiempo de esperanza, y vivo de este tesoro. No es una frase, Padre —me dices—, es una realidad".

Entonces..., el mundo entero, todos los valores humanos que te atraen con una fuerza enorme —amistad, arte, ciencia, filosofía, teología, deporte, naturaleza, cultura, almas...—, todo eso deposítalo en la esperanza: en la esperanza de Cristo.

294 Ese encanto inconcreto y placentero del mundo..., tan constante. Las flores del camino —te atraen sus colores y sus aromas...—; las aves del cielo; las criaturas todas...

—¡Pobre hijo mío!: es razonable. De otro modo, si no te fascinaran, ¿qué sacrificio ibas a ofrecer a Nuestro Señor?

295 Tu vocación de cristiano te pide estar en Dios y, a la vez, ocuparte de las cosas de la tierra, empleándolas objetivamente tal como son: para devolverlas a El.

296 ¡Parece mentira que se pueda ser tan feliz en este mundo donde muchos se empeñan en vivir tristes, porque corren tras su egoísmo, como si todo se acabara aquí abajo!

—No me seas tú de ésos..., ¡rectifica en cada instante!

297 El mundo está frío, hace efecto de dormido. —Muchas veces, desde tu observatorio, lo contemplas con mirada incendiaria. ¡Que despierte, Señor!

—Encauza tus impaciencias con la seguridad de que, si sabemos quemar bien nuestra vida, prenderemos fuego en todos los rincones..., y cambiará el panorama.

298 La fidelidad —el servicio a Dios y a las almas—, que te pido siempre, no es el entusiasmo fácil, sino el otro: el que se conquista por la calle, al ver lo mucho que hay que hacer en todas partes.

299 El buen hijo de Dios ha de ser muy humano. Pero no tanto que degenere en chabacano y mal educado.

300 Es difícil gritar al oído de cada uno con un trabajo silencioso, a través del buen cumplimiento de nuestras obligaciones de ciudadanos, para luego exigir nuestros derechos y ponerlos al servicio de la Iglesia y de la sociedad.

Es difícil..., pero es muy eficaz.

301 No es verdad que haya oposición entre ser buen católico y servir fielmente a la sociedad civil. Como no tienen por qué chocar la Iglesia y el Estado, en el ejercicio legítimo de su autoridad respectiva, cara a la misión que Dios les ha confiado.

Mienten —¡así: mienten!— los que afirman lo contrario. Son los mismos que, en aras de una falsa libertad, querrían "amablemente" que los católicos volviéramos a las catacumbas.

302 Esta es tu tarea de ciudadano cristiano: contribuir a que el amor y la libertad de Cristo presidan todas las manifestaciones de la vida moderna: la cultura y la economía, el trabajo y el descanso, la vida de familia y la convivencia social.

303 Un hijo de Dios no puede ser clasista, porque le interesan los problemas de todos los hombres... Y trata de ayudar a resolverlos con la justicia y la caridad de nuestro Redentor.

Ya lo señaló el Apóstol, cuando nos escribía que para el Señor no hay acepción de personas, y que no he dudado en traducir de este modo: ¡no hay más que una raza, la raza de los hijos de Dios!

304 Los hombres mundanos se afanan para que las almas pierdan cuanto antes a Dios; y luego, para que pierdan el mundo... No aman este mundo nuestro, ¡lo explotan, pisoteando a los demás!

—¡Que no seas tú también víctima de ese doble timo!

305 Hay quien vive con amargura todo el día. Todo le causa desasosiego. Duerme con una obsesión física: que esa única evasión posible le va a durar poco. Despierta con la impresión hostil y descorazonadora de que ya tiene ahí otra jornada por delante.

Se han olvidado muchos de que el Señor nos ha colocado, en este mundo, de paso hacia la felicidad eterna; y no piensan que sólo podrán alcanzarla los que caminen, por la tierra, con la alegría de los hijos de Dios.

306 Con tu conducta de ciudadano cristiano, muestra a la gente la diferencia que hay entre vivir tristes y vivir alegres; entre sentirse tímidos y sentirse audaces; entre actuar con cautela, con doblez... ¡con hipocresía!, y actuar como hombres sencillos y de una pieza. —En una palabra, entre ser mundanos y ser hijos de Dios.

307 Un error fundamental del que debes guardarte: pensar que las costumbres y exigencias —nobles y legítimas—, de tu tiempo o de tu ambiente, no pueden ser ordenadas y ajustadas a la santidad de la doctrina moral de Jesucristo.

Fíjate que he precisado: las nobles y legítimas. Las otras carecen de derecho de ciudadanía.

308 No se puede separar la religión de la vida, ni en el pensamiento, ni en la realidad cotidiana.

309 De lejos —allá, en el horizonte— parece que el cielo se junta con la tierra. No olvides que,

donde de veras la tierra y el cielo se juntan, es en tu corazón de hijo de Dios.

310 No podemos cruzarnos de brazos, cuando una sutil persecución condena a la Iglesia a morir de inedia, relegándola fuera de la vida pública y, sobre todo, impidiéndole intervenir en la educación, en la cultura, en la vida familiar.

No son derechos nuestros: son de Dios, y a nosotros, los católicos, El los ha confiado..., ¡para que los ejercitemos!

311 Muchas realidades materiales, técnicas, económicas, sociales, políticas, culturales..., abandonadas a sí mismas, o en manos de quienes carecen de la luz de nuestra fe, se convierten en obstáculos formidables para la vida sobrenatural: forman como un coto cerrado y hostil a la Iglesia.

Tú, por cristiano —investigador, literato, científico, político, trabajador...—, tienes el deber de santificar esas realidades. Recuerda que el universo entero —escribe el Apóstol— está gimiendo como en dolores de parto, esperando la liberación de los hijos de Dios.

312 No quieras hacer del mundo un convento, porque sería un desorden... Pero tampoco de la

Iglesia una bandería terrena, porque equivaldría a una traición.

313 Qué triste cosa es tener una mentalidad cesarista, y no comprender la libertad de los demás ciudadanos, en las cosas que Dios ha dejado al juicio de los hombres.

314 "¿Quién ha dicho que, para llegar a la santidad, sea necesario refugiarse en una celda o en la soledad de una montaña?", se preguntaba, asombrado, un buen padre de familia, que añadía: "entonces serían santas, no las personas, sino la celda o la montaña. Parece que se han olvidado de que el Señor nos ha dicho expresamente a todos y cada uno: sed santos, como mi Padre celestial es santo".

—Solamente le comenté: "además de querer el Señor que seamos santos, a cada uno le concede las gracias oportunas".

315 Ama a tu patria: el patriotismo es una virtud cristiana. Pero si el patriotismo se convierte en un nacionalismo que lleva a mirar con desapego, con desprecio —sin caridad cristiana ni justicia— a otros pueblos, a otras naciones, es un pecado.

316 No es patriotismo justificar delitos... y desconocer los derechos de los demás pueblos.

317 Escribió también el Apóstol que "no hay distinción de gentil y judío, de circunciso y no circunciso, de bárbaro y escita, de esclavo y libre, sino que Cristo es todo y está en todos".

Estas palabras valen hoy como ayer: ante el Señor, no existen diferencias de nación, de raza, de clase, de estado... Cada uno de nosotros ha renacido en Cristo, para ser una nueva criatura, un hijo de Dios: ¡todos somos hermanos, y fraternalmente hemos de conducirnos!

318 Ya hace muchos años vi con claridad meridiana un criterio que será siempre válido: el ambiente de la sociedad, con su apartamiento de la fe y la moral cristianas, necesita una nueva forma de vivir y de propagar la verdad eterna del Evangelio: en la misma entraña de la sociedad, del mundo, los hijos de Dios han de brillar por sus virtudes como linternas en la oscuridad —«quasi lucernae lucenti in caliginoso loco».

319 La perenne vitalidad de la Iglesia Católica asegura que la verdad y el espíritu de Cristo

no se alejan de las diversas necesidades de los tiempos.

320 Para seguir las huellas de Cristo, el apóstol de hoy no viene a reformar nada, ni mucho menos a desentenderse de la realidad histórica que le rodea... —Le basta actuar como los primeros cristianos, vivificando el ambiente.

321 Tú, que vives en medio del mundo, que eres un ciudadano más, en contacto con hombres que dicen ser buenos o ser malos...; tú, has de sentir el deseo constante de dar a la gente la alegría de que gozas, por ser cristiano.

322 Se ha promulgado un edicto de César Augusto, que manda empadronarse a todos los habitantes de Israel. Caminan María y José hacia Belén... —¿No has pensado que el Señor se sirvió del acatamiento puntual a una ley, para dar cumplimiento a su profecía?

Ama y respeta las normas de una convivencia honrada, y no dudes de que tu sumisión leal al deber será, también, vehículo para que otros descubran la honradez cristiana, fruto del amor divino, y encuentren a Dios.

SINCERIDAD

323 Quien oculta a su Director una tentación, tiene un secreto a medias con el demonio. —Se ha hecho amigo del enemigo.

324 El polvo y la ceguera de cierta caída te producen desasosiego, junto con pensamientos que quieren quitarte la paz.

—¿Has buscado el desahogo en las lágrimas junto al Señor, y en la conversación confiada con un hermano?

325 Sinceridad: con Dios, con el Director, con tus hermanos los hombres. —Así estoy seguro de tu perseverancia.

326 ¿Un medio para ser franco y sencillo?...
Escucha y medita estas palabras de Pedro: «Domine, Tu omnia nosti...» —Señor, ¡Tú lo sabes
todo!

327 ¿Qué diré?, me preguntas al comenzar a
abrir tu alma. Y, con segura conciencia, te respondo: en primer lugar, aquello que querrías que
no se supiera.

328 Los defectos que ves en los demás quizá
son los tuyos. «Si oculus tuus fuerit simplex...»
—Si tu ojo fuere sencillo, todo tu cuerpo estará
iluminado; mas si tienes malicioso tu ojo, todo tu
cuerpo estará oscurecido.

Y más aún: "¿cómo te pones a mirar la
mota en el ojo de tu hermano, y no reparas en la
viga que está dentro del tuyo?"

—Examínate.

329 Todos necesitamos prevenir la falta de objetividad, siempre que se trate de juzgar la propia
conducta... —Tú, también.

330 De acuerdo, dices la verdad "casi" por entero... Luego no eres veraz.

331 Te quejas..., y continúo con intransigencia santa: te quejas..., porque esta vez he puesto el dedo en tu llaga.

332 Has entendido en qué consiste la sinceridad cuando me escribes: "estoy tratando de acostumbrarme a llamar a las cosas por su nombre y, sobre todo, a no buscar apelativos para lo que no existe".

333 Piénsalo bien: ser transparente consiste más en no tapar que en querer hacer ver... Se trata de permitir que se distingan los objetos que hay en el fondo de un vaso, y no de esforzarse en volver visible el aire.

334 Que obremos siempre de tal manera, en la presencia de Dios, que no tengamos que ocultar nada a los hombres.

335 Se acabaron los agobios... Has descubierto que la sinceridad con el Director arregla los entuertos con una facilidad admirable.

336 ¡Cómo yerran padres, maestros, directores... que exigen sinceridad absoluta y, cuando se les muestra toda la verdad, se asustan!

337 Leías en aquel diccionario los sinónimos de insincero: "ambiguo, ladino, disimulado, taimado, astuto"... —Cerraste el libro, mientras pedías al Señor que nunca pudiesen aplicarte esos calificativos, y te propusiste afinar aún más en esta virtud sobrenatural y humana de la sinceridad.

338 «Abyssus, abyssum invocat...» —un abismo llama a otro abismo, te he recordado ya. Es la descripción exacta del modo de comportarse de los mentirosos, de los hipócritas, de los renegados, de los traidores: como están a disgusto con su propio modo de conducirse, ocultan a los demás sus trapacerías, para ir de mal en peor, creando un despeñadero entre ellos y el prójimo.

339 «Tota pulchra es Maria, et macula originalis non est in te!» —¡toda hermosa eres, María, y no hay en ti mancha original!, canta la liturgia alborozada. No hay en Ella ni la menor sombra de doblez: ¡a diario ruego a Nuestra Madre que sepamos abrir el alma en la dirección espiritual, para que la luz de la gracia ilumine toda nuestra conducta!

—María nos obtendrá la valentía de la sinceridad, para que nos alleguemos más a la Trinidad Beatísima, si así se lo suplicamos.

LEALTAD

340   La lealtad tiene como consecuencias la seguridad de andar por un camino recto, sin inesta-
bilidades ni perturbaciones; y la de afirmarse en
esta certidumbre: que existen el buen sentido y la
dicha.

—Mira si se cumplen en tu vida de cada
instante.

341   Me confiabas que Dios, a ratos, te llena de
luz; en otros, no.

Te recordé, con firmeza, que el Señor es
siempre infinitamente bueno. Por eso, para seguir
adelante, te bastan esos tiempos luminosos; aun-

que los otros también te aprovechan, para hacerte más fiel.

342 Sal de la tierra. —Nuestro Señor dijo que sus discípulos —también tú y yo— son sal de la tierra: para inmunizar, para evitar la corrupción, para sazonar el mundo.

—Pero también añadió «quod si sal evanuerit...» —que si la sal pierde su sabor, será arrojada y pisoteada por las gentes...

—Ahora, frente a muchos sucesos que lamentamos, ¿te vas explicando lo que no te explicabas?

343 Me hace temblar aquel pasaje de la segunda epístola a Timoteo, cuando el Apóstol se duele de que Demas escapó a Tesalónica tras los encantos de este mundo... Por una bagatela, y por miedo a las persecuciones, traicionó la empresa divina un hombre, a quien San Pablo cita en otras epístolas entre los santos.

Me hace temblar, al conocer mi pequeñez; y me lleva a exigirme fidelidad al Señor hasta en los sucesos que pueden parecer como indiferentes, porque, si no me sirven para unirme más a El, ¡no los quiero!

344 Para tantos momentos de la historia, que el diablo se encarga de repetir, me parecía una consideración muy acertada aquella que me escribías sobre lealtad: "llevo todo el día en el corazón, en la cabeza y en los labios una jaculatoria: ¡Roma!"

345 ¡Un gran descubrimiento!: algo que sólo entendías muy a medias, te ha resultado clarísimo cuando has tenido que explicárselo a otros.

Hubiste de charlar muy despacio con uno, desanimado porque se sentía ineficaz y no quería ser una carga para nadie... Entonces comprendiste mejor que nunca por qué te hablo constantemente de ser borriquitos de noria: fieles, con anteojeras muy grandes para no mirar ni saborear personalmente los resultados —las flores, los frutos, la lozanía de la huerta—, bien ciertos de la eficacia de nuestra fidelidad.

346 La lealtad exige hambre de formación, porque —movido por un amor sincero— no deseas correr el riesgo de difundir o defender, por ignorancia, criterios y posturas que están muy lejos de concordar con la verdad.

347 "Quisiera —me escribes— que mi lealtad y mi perseverancia fueran tan sólidas y tan eternas, y mi servicio tan vigilante y amoroso, que pudiera usted alegrarse en mí y le fuese yo un pequeño descanso".

—Y te contesto: Dios te confirme en tu propósito, para que le seamos ayuda y descanso a El.

348 Es cierto que algunos que se entusiasman, después se van... No te preocupes: son aguja de la que se sirve Dios para meter el hilo.

—¡Ah, y encomiéndalos!, porque tal vez se puede lograr que continúen empujando a otros.

349 Para ti, que vacilas, copio de una carta: "De aquí en adelante, quizá siga siendo el mismo instrumento inepto de siempre. A pesar de esto, habrá cambiado el planteamiento y la solución del problema de mi vida; porque hay en mí un deseo, firme, de perseverancia... ¡hasta siempre!".

—Nunca dudes de que El jamás falla.

350 La vida tuya es servicio, pero siempre con lealtad enteriza, sin condiciones: sólo así rendiremos como el Señor espera.

351 No compartiré nunca, ni en el terreno ascético ni en el jurídico, la idea de quienes piensan y viven como si servir a la Iglesia equivaliera a encumbrarse.

352 Te duele ver que algunos tienen la técnica de hablar de la Cruz de Cristo, sólo para remontarse y alcanzar posiciones... Son los mismos que nada de lo que ven, si no coincide con su criterio, lo consideran limpio.

—Razón de más para que perseveres en la rectitud de tus intenciones, y para que pidas al Maestro que te conceda la fuerza de repetir: «non mea voluntas, sed tua fiat!» —¡Señor, que cumpla con amor tu Voluntad Santa!

353 Cada día has de crecer en lealtad a la Iglesia, al Papa, a la Santa Sede... Con un amor siempre más ¡teológico!

354 Tienes un afán grande de amar a la Iglesia: tanto mayor, cuanto más se revuelven quienes pretenden afearla. —Me parece muy lógico: porque la Iglesia es tu Madre.

355 Los que no quieren entender que la fe exige servicio a la Iglesia y a las almas, tarde o temprano invierten los términos, y acaban por

servirse de la Iglesia y de las almas, para sus fines personales.

356 Ojalá no caigas, nunca, en el error de identificar el Cuerpo Místico de Cristo con la determinada actitud, personal o pública, de uno cualquiera de sus miembros.

Y ojalá no des pie a que gente menos formada caiga en ese error.

—¡Mira si es importante tu coherencia, tu lealtad!

357 No te entiendo cuando, hablando de cuestiones de moral y de fe, me dices que eres un católico independiente...

—¿Independiente de quién? Esa falsa independencia equivale a salirse del camino de Cristo.

358 No cedas nunca en la doctrina de la Iglesia. —Al hacer una aleación, el mejor metal es el que pierde.

Además, ese tesoro no es tuyo, y —como narra el Evangelio— el Dueño te puede pedir cuentas cuando menos lo esperes.

359 Convengo contigo en que hay católicos, practicantes y aun piadosos ante los ojos de los demás, y quizá sinceramente convencidos, que sirven ingenuamente a los enemigos de la Iglesia...

—Se les ha colado en su propia casa, con nombres distintos mal aplicados —ecumenismo, pluralismo, democracia—, el peor adversario: la ignorancia.

360 Aunque parezca una paradoja, no rara vez sucede que, aquellos que se llaman a sí mismos hijos de la Iglesia, son precisamente los que mayor confusión siembran.

361 Estás cansado de luchar. Te ha asqueado ese ambiente, caracterizado por la falta de lealtad... ¡Todos se lanzan sobre el caído, para pisotearlo!

No sé por qué te extrañas. Ya le sucedió lo mismo a Jesucristo, pero El no se echó atrás, porque había venido para salvar justamente a los enfermos y a los que no le comprendían.

362 ¡Que no actúen los leales!, quieren los desleales.

363 Huye de los sectarismos, que se oponen a una colaboración leal.

364 No se puede promover la verdadera unidad a base de abrir nuevas divisiones... Mucho menos, cuando los promotores aspiran a hacerse con el mando, suplantando a la autoridad legítima.

365 Te quedaste muy pensativo al oírme comentar: quiero tener la sangre de mi Madre la Iglesia; no la de Alejandro, ni la de Carlomagno, ni la de los siete sabios de Grecia.

366 Perseverar es persistir en el amor, «per Ipsum et cum Ipso et in Ipso...», que realmente podemos interpretar también así: ¡El!, conmigo, por mí y en mí.

367 Puede suceder que haya, entre los católicos, algunos de poco espíritu cristiano; o que den esa impresión a quienes les tratan en un determinado momento.

Pero, si te escandalizaras de esta realidad, darías muestra de conocer poco la miseria humana y... tu propia miseria. Además, no es justo ni leal tomar ocasión de las debilidades de esos pocos, para difamar a Cristo y a su Iglesia.

368 Es verdad que los hijos de Dios no hemos de servir al Señor para que nos vean..., pero no nos ha de importar que nos vean, y ¡mucho menos podemos dejar de cumplir porque nos vean!

369 Han transcurrido veinte siglos, y la escena se repite a diario: siguen procesando, flagelando y crucificando al Maestro... Y muchos católicos, con su comportamiento y con sus palabras, continúan gritando: ¿a ése?, ¡yo no le conozco!

Desearía ir por todos los lugares, recordando confidencialmente a muchos que Dios es Misericordioso, ¡y que también es muy justo! Por eso ha manifestado claramente: "tampoco Yo reconoceré a los que no me han reconocido ante los hombres".

370 Siempre he pensado que la falta de lealtad por respetos humanos es desamor..., y carencia de personalidad.

371 Vuelve tus ojos a la Virgen y contempla cómo vive la virtud de la lealtad. Cuando la necesita Isabel, dice el Evangelio que acude «cum festinatione», —con prisa alegre. ¡Aprende!

DISCIPLINA

372 Obedecer dócilmente. —Pero con inteligencia, con amor y sentido de responsabilidad, que nada tienen que ver con juzgar a quien gobierna.

373 En el apostolado, obedece sin fijarte en las condiciones humanas del que manda, ni en cómo manda. Lo contrario no es virtud.

Cruces hay muchas: de brillantes, de perlas, de esmeraldas, de esmaltes, de marfil...; también de madera, como la de Nuestro Señor. Todas merecen igual veneración, porque la Cruz nos habla del sacrificio del Dios hecho Hombre. —Lleva esta consideración a tu obediencia, sin olvidar que El se abrazó amorosamente, ¡sin dudarlo!, al Madero, y allí nos obtuvo la Redención.

Sólo después de haber obedecido, que es señal de rectitud de intención, haz la corrección fraterna, con las condiciones requeridas, y reforzarás la unidad por medio del cumplimiento de ese deber.

374 Se obedece con los labios, con el corazón y con la mente. —Se obedece no a un hombre, sino a Dios.

375 No amas la obediencia, si no amas de veras el mandato, si no amas de veras lo que te han mandado.

376 Muchos apuros se remedian enseguida. Otros, no inmediatamente. Pero todos se arreglarán, si somos fieles: si obedecemos, si cumplimos lo que está dispuesto.

377 El Señor quiere de ti un apostolado concreto, como el de la pesca de aquellos ciento cincuenta y tres peces grandes —y no otros—, cogidos a la derecha de la barca.

Y me preguntas: ¿cómo es que sabiéndome pescador de hombres, viviendo en contacto con muchos compañeros, y pudiendo distinguir hacia quiénes ha de ir dirigido mi apostolado específico, no pesco?... ¿Me falta Amor? ¿Me falta vida interior?

Escucha la respuesta de labios de Pedro, en aquella otra pesca milagrosa: —"Maestro, toda la noche hemos estado fatigándonos, y nada hemos cogido; no obstante, sobre tu palabra, echaré la red".

En nombre de Jesucristo, empieza de nuevo. —Fortificado: ¡fuera esa flojera!

378 Obedece sin tantas cavilaciones inútiles... Mostrar tristeza o desgana ante el mandato es falta muy considerable. Pero sentirla nada más, no sólo no es culpa, sino que puede ser la ocasión de un vencimiento grande, de coronar un acto de virtud heroico.

No me lo invento yo. ¿Te acuerdas? Narra el Evangelio que un padre de familia hizo el mismo encargo a sus dos hijos... Y Jesús se goza en el que, a pesar de haber puesto dificultades, ¡cumple!; se goza, porque la disciplina es fruto del Amor.

379 La mayor parte de las desobediencias proviene de no saber "escuchar" el mandato, que en el fondo es falta de humildad o de interés en servir.

380 ¿Quieres obedecer cabalmente?... Pues escucha bien, para comprender el alcance y el espíritu de lo que te indican; y, si algo no entiendes, pregunta.

381 ¡A ver cuándo te convences de que has de obedecer!... Y desobedeces si, en lugar de cumplir el plan de vida, pierdes el tiempo. Todos tus minutos han de estar llenos: trabajo, estudio, proselitismo, vida interior.

382 De modo semejante a como la Iglesia, a través del cuidado de la liturgia, nos hace intuir la belleza de los misterios de la Religión, y nos lleva a amarlos mejor, así debemos vivir —sin teatro— cierta corrección, aparentemente mundana, de respeto profundo —aun externo— hacia el Director, que nos comunica por su boca la Voluntad de Dios.

383 Al gobernar, después de pensar en el bien común, es necesario contar con que —en el terreno espiritual y en el civil— difícilmente una norma puede no desagradar a algunos.

—¡Nunca llueve a gusto de todos!, reza la sabiduría popular. Pero eso, no lo dudes, no es defecto de la ley, sino rebeldía injustificada de la soberbia o del egoísmo de aquellos pocos.

384 Orden, autoridad, disciplina... —Escuchan, ¡si escuchan!, y se sonríen cínicamente, alegando —ellas y ellos— que defienden su libertad.

Son los mismos que luego pretenden que respetemos o que nos acomodemos a sus descaminos; no comprenden —¡qué protestas tan chabacanas!— que sus modales no sean —¡no pueden ser!— aceptados por la auténtica libertad de los demás.

385 Los que gobiernan tareas espirituales, han de interesarse por todo lo humano, para elevarlo al orden sobrenatural y divinizarlo.

Si no se puede divinizar, no te engañes: no es humano, es "animalesco", impropio de la criatura racional.

386 Autoridad. —No consiste en que el de arriba "grite" al inferior, y éste al de más abajo.

Con ese criterio —caricatura de la autoridad—, aparte de la evidente falta de caridad y de corrección humana, sólo se consigue que quien hace cabeza se vaya alejando de los gobernados, porque no les sirve: ¡todo lo más, los usa!

387 No seas tú de ésos que, teniendo desgobernada su propia casa, intentan entrometerse en el gobierno de las casas de los demás.

388 Pero... ¿de veras piensas que todo lo sabes, porque has sido constituido en autoridad?

—Oyeme bien: el buen gobernante "sabe" que puede, ¡que debe!, aprender de los demás.

389 Libertad de conciencia: ¡no! —Cuántos males ha traído a los pueblos y a las personas este lamentable error, que permite actuar en contra de los propios dictados íntimos.

Libertad "de las conciencias", sí: que significa el deber de seguir ese imperativo interior..., ¡ah, pero después de haber recibido una seria formación!

390 Gobernar no es mortificar.

391 Para ti, que ocupas ese puesto de gobierno. Medita: los instrumentos más fuertes y eficaces, si se les trata mal, se mellan, se desgastan y se inutilizan.

392 Las decisiones de gobierno, tomadas a la ligera por una sola persona, nacen siempre, o casi siempre, influidas por una visión unilateral de los problemas.

—Por muy grandes que sean tu preparación y tu talento, debes oír a quienes comparten contigo esa tarea de dirección.

393 Nunca des oído a la delación anónima: es el procedimiento de los viles.

394 Un criterio de buen gobierno: el material humano hay que tomarlo como es, y ayudarle a mejorar, sin despreciarlo jamás.

395 Me parece muy bien que, a diario, procures aumentar esa honda preocupación por tus súbditos: porque sentirse rodeado y protegido por la comprensión afectuosa del superior, puede ser el remedio eficaz que necesiten las personas a las que has de servir con tu gobierno.

396 ¡Qué pena causan algunos, constituidos en autoridad, cuando juzgan y hablan con ligereza, sin estudiar el asunto, con afirmaciones tajantes, sobre personas o temas que desconocen, y... hasta con "prevenciones", que son fruto de deslealtad!

397 Si la autoridad se convierte en autoritarismo dictatorial y esta situación se prolonga en el tiempo, se pierde la continuidad histórica, mueren o envejecen los hombres de gobierno, llegan a la edad madura personas sin experiencia para dirigir, y la juventud —inexperta y excitada— quiere tomar las riendas: ¡cuántos males!, ¡y cuántas ofensas a Dios —propias y ajenas— recaen sobre quien usa tan mal de la autoridad!

398 Cuando el que manda es negativo y desconfiado, fácilmente cae en la tiranía.

399 Procura ser rectamente objetivo en tu labor de gobierno. Evita esa inclinación de los que tienden a ver más bien —y a veces, sólo— lo que no marcha, los errores.

—Llénate de alegría, con la certeza de que el Señor a todos ha concedido la capacidad de hacerse santos, precisamente en la lucha contra los propios defectos.

400 El afán de novedad puede llevar al desgobierno.

—Hacen falta nuevos reglamentos, dices...
—¿Tú crees que el cuerpo humano mejoraría con otro sistema nervioso o arterial?

401 ¡Qué empeño el de algunos en masificar!: convierten la unidad en uniformidad amorfa, ahogando la libertad.

Parece que ignoran la impresionante unidad del cuerpo humano, con tan divina diferenciación de miembros, que —cada uno con su propia función— contribuyen a la salud general.

—Dios no ha querido que todos sean iguales, ni que caminemos todos del mismo modo por el único camino.

402 Hay que enseñar a la gente a trabajar —sin exagerar la preparación: "hacer" es también formarse—, y a aceptar de antemano las imperfecciones inevitables: lo mejor es enemigo de lo bueno.

403 No fíes nunca sólo en la organización.

404 El buen pastor no necesita atemorizar a sus ovejas: semejante comportamiento es propio de los malos gobernantes. Por eso, a nadie le extraña que acaben odiados y solos.

405 Gobernar, muchas veces, consiste en saber "ir tirando" de la gente, con paciencia y cariño.

406 El buen gobierno no ignora la flexibilidad necesaria, sin caer en la falta de exigencia.

407 "¡Mientras no me hagan pecar!" —Recio comentario de aquella pobre criatura, casi aniquilada, en su vida personal y en sus afanes de hombre y de cristiano, por enemigos poderosos.

—Medita y aprende: ¡mientras no te hagan pecar!

408 No todos los ciudadanos forman parte del ejército regular. Pero, a la hora de la guerra, todos participan... Y el Señor ha dicho: "no he venido a traer la paz, sino la guerra".

409 "Era un guerrillero —escribe—, y me movía por el monte, disparando cuando me daba la real gana. Pero quise alistarme como soldado,

porque comprendí que las guerras las ganan, más fácilmente, los ejércitos organizados y con disciplina. Un pobre guerrillero aislado no puede tomar ciudades enteras, ni ocupar el mundo. Colgué mi escopetón —¡resulta tan anticuado!—, y ahora estoy mejor armado. A la vez, sé que no puedo ya tumbarme en el monte, a la sombra de un árbol, y soñar que yo solito ganaré la guerra".

—¡Bendita disciplina y bendita unidad de nuestra Madre la Iglesia Santa!

410 A tantos católicos rebeldes les diría que faltan a su deber los que, en lugar de atenerse a la disciplina y a la obediencia a la autoridad legítima, se convierten en partido; en bandería menuda; en gusanos de discordia; en conjura y chismorreo; en fomentadores de estúpidas pugnas personales; en tejedores de urdimbres de celos y crisis.

411 No es lo mismo un viento suave que el huracán. Con el primero, cualquiera resiste: es juego de niños, parodia de lucha.

—Pequeñas contradicciones, escasez, apurillos... Los llevabas gustosamente, y vivías la interior alegría de pensar: ¡ahora sí que trabajo por Dios, porque tenemos Cruz!...

Pero, pobre hijo mío: llegó el huracán, y sientes un bamboleo, un golpear que arrancaría árboles centenarios. Eso..., dentro y fuera. ¡Confía! No podrá desarraigar tu Fe y tu Amor, ni sacarte de tu camino..., si tú no te apartas de la "cabeza", si sientes la unidad.

412 ¡Con qué facilidad incumples el plan de vida, o haces las cosas peor que si las omitieras!... —¿Así quieres enamorarte cada vez más de tu camino, para contagiar después a otros este amor?

413 No ambiciones más que un solo derecho: el de cumplir tu deber.

414 ¿Que la carga es pesada? —¡No, y mil veces no! Esas obligaciones, que aceptaste libremente, son alas que te levantan sobre el cieno vil de las pasiones.

¿Acaso sienten los pájaros el peso de sus alas? Córtalas, ponlas en el platillo de una balanza: ¡pesan! ¿Puede, sin embargo, volar el ave si se las arrancan? Necesita esas alas así; y no advierte su pesantez porque la elevan sobre el nivel de las otras criaturas.

¡También tus "alas" pesan! Pero, si te faltaran, caerías en las más sucias ciénagas.

415 "María guardaba todas estas cosas en su corazón..."

Cuando el amor limpio y sincero anda por medio, la disciplina no supone peso, aunque cueste, porque une al Amado.

PERSONALIDAD

416 El Señor necesita almas recias y audaces, que no pacten con la mediocridad y penetren con paso seguro en todos los ambientes.

417 Sereno y equilibrado de carácter, inflexible voluntad, fe profunda y piedad ardiente: características imprescindibles de un hijo de Dios.

418 De las mismas piedras puede el Señor sacar hijos de Abraham... Pero hemos de procurar que la piedra no sea deleznable. De un pedrejón sólido, aunque sea informe, puede labrarse más fácilmente un sillar estupendo.

419 El apóstol no debe quedarse en el rasero de una criatura mediocre. Dios le llama para que actúe como portador de humanidad y transmisor de una novedad eterna. —Por eso, el apóstol necesita ser un alma largamente, pacientemente, heroicamente formada.

420 Cada día descubro cosas nuevas en mí, me dices... Y te contesto: ahora comienzas a conocerte.

Cuando se ama de veras..., siempre se encuentran detalles para amar todavía más.

421 Sería lamentable que alguno concluyera, al ver desenvolverse a los católicos en la vida social, que se mueven con encogimiento y capitidisminución.

No cabe olvidar que nuestro Maestro era —¡es!— «perfectus Homo» —perfecto Hombre.

422 Si el Señor te ha dado una buena cualidad —o una habilidad—, no es solamente para que te deleites, o para que te pavonees, sino para desplegarla con caridad en servicio al prójimo.

—¿Y cuándo encontrarás mejor ocasión para servir que ahora, al convivir con tantas almas, que comparten tu mismo ideal?

423 Ante la presión y el impacto de un mundo materializado, hedonista, sin fe..., ¿cómo se puede exigir y justificar la libertad de no pensar como "ellos", de no obrar como "ellos"?...

—Un hijo de Dios no tiene necesidad de pedir esa libertad, porque de una vez por todas ya nos la ha ganado Cristo: pero debe defenderla y demostrarla en cualquier ambiente. Sólo así, entenderán "ellos" que nuestra libertad no está aherrojada por el entorno.

424 Tus parientes, tus colegas, tus amistades, van notando el cambio, y se dan cuenta de que lo tuyo no es una transición momentánea, de que ya no eres el mismo.

—No te preocupes, ¡sigue adelante!: se cumple el «vivit vero in me Christus» —ahora es Cristo quien vive en ti.

425 Estima a quienes sepan decirte que no. Y, además, pídeles que te razonen su negativa, para aprender..., o para corregir.

426 Antes eras pesimista, indeciso y apático. Ahora te has transformado totalmente: te sientes audaz, optimista, seguro de ti mismo..., porque al fin te has decidido a buscar tu apoyo sólo en Dios.

427 Triste situación la de una persona con magníficas virtudes humanas, y con carencia absoluta de visión sobrenatural: porque aquellas virtudes fácilmente las aplicará sólo a sus fines particulares. —Medítalo.

428 Para ti, que deseas formarte una mentalidad católica, universal, transcribo algunas características:

—amplitud de horizontes, y una profundización enérgica, en lo permanentemente vivo de la ortodoxia católica;

—afán recto y sano —nunca frivolidad— de renovar las doctrinas típicas del pensamiento tradicional, en la filosofía y en la interpretación de la historia...;

—una cuidadosa atención a las orientaciones de la ciencia y del pensamiento contemporáneos;

—y una actitud positiva y abierta, ante la transformación actual de las estructuras sociales y de las formas de vida.

429 Tienes que aprender a disentir —cuando sea preciso— de los demás, con caridad, sin hacerte antipático.

430 Con gracia de Dios y buena formación, puedes hacerte entender en el ambiente de los rudos... —Ellos difícilmente te seguirán, si te falta "don de lenguas": capacidad y esfuerzo para llegar a sus inteligencias.

431 Cortesía siempre, con todos. Pero, especialmente, con los que se presentan como adversarios —tú no tengas enemigos—, cuando trates de sacarles de su error.

432 ¿Verdad que te ha producido compasión el niño mimado? —Pues, entonces...: ¡no te trates tan bien! ¿No comprendes que te vas a volver blanducho?

—Además: ¿no sabes que las flores de mejor aroma son las silvestres, las expuestas a la intemperie y a la sequía?

433 Llegará muy alto, dicen, y asusta su futura responsabilidad. —Nadie le conoce una labor desinteresada, ni una frase oportuna, ni un escrito fecundo. —Es hombre de vida negativa. —Siempre da la impresión de que está sumergido en hondas cavilaciones, aunque es sabido que nunca cultivó ideas en las que pensar. —Tiene, en su rostro y en sus maneras, la gravedad del mulo, y eso le da fama de prudente...

—¡Llegará muy alto!, pero —me pregunto—: ¿qué podrá enseñar a los otros, cómo y en qué les servirá, si no le ayudamos a cambiar?

434 El pedante interpreta como ignorancia la sencillez y la humildad del docto.

435 No seas de esos que, cuando reciben una orden, enseguida piensan en cómo modificarla... —Se diría que tienen ¡demasiada "personalidad"!, y desunen o desbaratan.

436 La experiencia, el saber tanto del mundo, el leer entre líneas, la perspicacia excesiva, el espíritu crítico... Todo eso que, en tus relaciones y negocios, te ha llevado demasiado lejos, hasta el punto de volverte un poco cínico; todo ese "excesivo realismo" —que es falta de espíritu sobrenatural— ha invadido incluso tu vida interior. —Por no ser sencillo, te has vuelto a veces frío y cruel.

437 En el fondo eres un buen chico, pero te crees Maquiavelo. —Recuerda que en el Cielo se entra siendo un hombre honrado y bueno, no un intrigantuelo fastidioso.

438 Es admirable ese tu buen humor... Pero tomarlo todo, todo... a broma, ¡concédemelo!, significa pasarse de rosca. —La realidad es bien otra: como te falta voluntad para tomar lo tuyo en serio, te autojustificas, chanceándote de los demás, que son mejores que tú.

439 No niego que seas listo. Pero, el desordenado apasionamiento te lleva a obrar como tonto.

440 ¡Esa desigualdad de tu carácter! —Tienes el teclado estropeado: das muy bien las notas altas y las bajas..., pero no suenan las de en medio, las de la vida corriente, las que habitualmente escuchan los demás.

441 Para que aprendas. —A aquel noble varón, docto y recio, le hice notar en una ocasión memorable cómo, por defender una causa santa que los "buenos" impugnaban, se jugaba —iba a perderlo— un alto puesto en su mundo. —Con voz llena de gravedad humana y sobrenatural, que

despreciaba los honores de la tierra, me contestó: "me juego el alma".

442 El diamante se pule con el diamante..., y las almas, con las almas.

443 "Una gran señal apareció en el Cielo: una mujer con corona de doce estrellas sobre su cabeza; vestida de sol; la luna a sus pies". —Para que tú y yo, y todos, tengamos la certeza de que nada perfecciona tanto la personalidad como la correspondencia a la gracia.

—Procura imitar a la Virgen, y serás hombre —o mujer— de una pieza.

ORACIÓN

444 Conscientes de nuestros deberes, ¿vamos a pasar un día entero, sin acordarnos de que tenemos alma?

En la meditación diaria ha de nacer la constante rectificación, para no salirnos del camino.

445 Si se abandona la oración, primero se vive de las reservas espirituales..., y después, de la trampa.

446 Meditación. —Tiempo fijo y a hora fija. —Si no, se adaptará a la comodidad nuestra: esto es falta de mortificación. Y la oración sin mortificación es poco eficaz.

447 Te falta vida interior: porque no llevas a la oración las preocupaciones de los tuyos y el proselitismo; porque no te esfuerzas en ver claro, en sacar propósitos concretos y en cumplirlos; porque no tienes visión sobrenatural en el estudio, en el trabajo, en tus conversaciones, en tu trato con los demás...

—¿Qué tal andas de presencia de Dios, consecuencia y manifestación de tu oración?

448 ¿No?... ¿Porque no has tenido tiempo?... —Tienes tiempo. Además, ¿qué obras serán las tuyas, si no las has meditado en la presencia del Señor, para ordenarlas? Sin esa conversación con Dios, ¿cómo acabarás con perfección la labor de la jornada?... —Mira, es como si alegaras que te falta tiempo para estudiar, porque estás muy ocupado en explicar unas lecciones... Sin estudio, no se puede dar una buena clase.

La oración va antes que todo. Si lo entiendes así y no lo pones en práctica, no me digas que te falta tiempo: ¡sencillamente, no quieres hacerla!

449 Oración, ¡más oración! —Parece una incongruencia ahora, en tiempo de exámenes, de mayor trabajo... La necesitas: y no sólo la habitual, como práctica de piedad; oración, también durante los ratos perdidos; oración, entre ocupación y ocupación, en vez de soltar la mente en tonterías.

No importa si —a pesar de tu empeño— no consigues concentrarte y recogerte. Puede valer mucho más esta meditación que aquella que hiciste, con toda comodidad, en el oratorio.

450 Una costumbre eficaz para lograr presencia de Dios: cada día, la primera audiencia, para Jesucristo.

451 La oración no es prerrogativa de frailes: es cometido de cristianos, de hombres y mujeres del mundo, que se saben hijos de Dios.

452 Desde luego, has de seguir tu camino: hombre de acción... con vocación de contemplativo.

453 ¿Católico, sin oración?... Es como un soldado sin armas.

454 Agradece al Señor el enorme bien que te ha otorgado, al hacerte comprender que "sólo una cosa es necesaria". —Y, junto a la gratitud, que no falte a diario tu súplica, por los que aún no le conocen o no le han entendido.

455 Cuando trataban de "pescarte", te preguntabas de dónde sacaban aquella fuerza y aquel fuego que todo lo abrasa. —Ahora, que haces oración, has advertido que ésa es la fuente que rezuma alrededor de los verdaderos hijos de Dios.

456 Desprecias la meditación... ¿No será que tienes miedo, que buscas el anonimato, que no te atreves a hablar con Cristo cara a cara?
—Ya ves que hay muchos modos de "despreciar" este medio, aunque se afirme que se practica.

457 Oración: es la hora de las intimidades santas y de las resoluciones firmes.

458 ¡Qué bien razonada la plegaria de aquella alma que decía: Señor, no me abandones; ¿no reparas que hay "otra persona", que me tira de los pies?!

459 ¿Volverá el Señor a encenderme el alma?...
—Te aseguran que sí tu cabeza y la fuerza honda de
un deseo lejano, que quizá sea esperanza... —En
cambio, el corazón y la voluntad —sobra de uno,
falta de otra— lo tiñen todo de una melancolía para-
lizadora y yerta, como una mueca, como una burla
amarga.

Escucha la promesa del Espíritu Santo:
"dentro de un brevísimo tiempo, vendrá Aquél
que ha de venir y no tardará. Entre tanto el justo
mío vivirá de fe".

460 La verdadera oración, la que absorbe a
todo el individuo, no la favorece tanto la soledad
del desierto, como el recogimiento interior.

461 Hicimos la oración de la tarde en medio
del campo, cercano el anochecer. Debíamos de tener un aspecto un tanto curioso, para un espectador que no estuviera en antecedentes: sentados
por el suelo, en un silencio sólo interrumpido por
la lectura de unos puntos de meditación.

Esa oración en pleno campo, "apretando
fuerte" por todos los que venían con nosotros, por
la Iglesia, por las almas, resultó grata al Cielo y
fecunda: cualquier lugar es apto para ese encuentro con Dios.

462 Me gusta que, en la oración, tengas esa tendencia a recorrer muchos kilómetros: contemplas tierras distintas de las que pisas; ante tus ojos pasan gentes de otras razas; oyes lenguas diversas... Es como un eco de aquel mandato de Jesús: «euntes, docete omnes gentes» —id, y enseñad a todo el mundo.

Para llegar lejos, siempre más lejos, mete ese fuego de amor en los que te rodean: y tus sueños y deseos se convertirán en realidad: ¡antes, más y mejor!

463 La oración se desarrollará unas veces de modo discursivo; otras, tal vez pocas, llena de fervor; y, quizá muchas, seca, seca, seca... Pero lo que importa es que tú, con la ayuda de Dios, no te desalientes.

Piensa en el centinela que está de guardia: desconoce si el Rey o el Jefe del Estado se encuentra en el palacio; no le consta lo que hace y, en la mayoría de los casos, el personaje no sabe quién le custodia.

—Nada de esto ocurre con nuestro Dios: El vive donde tú vivas; se ocupa de ti; te conoce y conoce tus pensamientos más íntimos...: ¡no abandones la guardia de la oración!

464 Mira qué conjunto de razonadas sinrazones te presenta el enemigo, para que dejes la oración: "me falta tiempo" —cuando lo estás perdiendo continuamente—; "esto no es para mí", "yo tengo el corazón seco"...

La oración no es problema de hablar o de sentir, sino de amar. Y se ama, esforzándose en intentar decir algo al Señor, aunque no se diga nada.

465 "Un minuto de rezo intenso; con eso basta". —Lo decía uno que nunca rezaba.

—¿Comprendería un enamorado que bastase contemplar intensamente durante un minuto a la persona amada?

466 Este ideal de guerrear —y vencer— las batallas de Cristo, solamente se hará realidad por la oración y el sacrificio, por la Fe y el Amor. —Pues... ¡a orar, y a creer, y a sufrir, y a Amar!

467 La mortificación es el puente levadizo, que nos facilita la entrada en el castillo de la oración.

468 No desmayes: por indigna que sea la persona, por imperfecta que resulte la oración, si ésta se alza humilde y perseverante, Dios la escucha siempre.

469 Señor, no merezco que me oigas, porque soy malo, rezaba un alma penitente. Y añadía: ahora... escúchame «quoniam bonus» —porque Tú eres bueno.

470 El Señor, después de enviar a sus discípulos a predicar, a su vuelta, los reúne y les invita a que vayan con El a un lugar solitario para descansar... ¡Qué cosas les preguntaría y les contaría Jesús! Pues... el Evangelio sigue siendo actual.

471 Te entiendo perfectamente cuando me escribes sobre tu apostolado: "voy a hacer tres horas de oración con la Física. Será un bombardeo para que «caiga» otra posición, que se halla al otro lado de la mesa de la biblioteca..., y usted ya le conoció cuando vino por aquí".

Recuerdo tu alegría, mientras me escuchabas que entre la oración y el trabajo no debe haber solución de continuidad.

472 Comunión de los Santos: bien la experimentó aquel joven ingeniero cuando afirmaba:

"Padre, tal día, a tal hora, estaba usted pidiendo por mí".

Esta es y será la primera ayuda fundamental que hemos de prestar a las almas: la oración.

473 Acostúmbrate a rezar oraciones vocales, por la mañana, al vestirte, como los niños pequeños. —Y tendrás más presencia de Dios luego, durante la jornada.

474 El Rosario es eficacísimo para los que emplean como arma la inteligencia y el estudio. Porque esa aparente monotonía de niños con su Madre, al implorar a Nuestra Señora, va destruyendo todo germen de vanagloria y de orgullo.

475 "Virgen Inmaculada, bien sé que soy un pobre miserable, que no hago más que aumentar todos los días el número de mis pecados..." Me has dicho que así hablabas con Nuestra Madre, el otro día.

Y te aconsejé, seguro, que rezaras el Santo Rosario: ¡bendita monotonía de avemarías que purifica la monotonía de tus pecados!

476 Un triste medio de no rezar el Rosario: dejarlo para última hora.

Al momento de acostarse se recita, por lo menos, de mala manera y sin meditar los misterios. Así, difícilmente se evita la rutina, que ahoga la verdadera piedad, la única piedad.

477 El Rosario no se pronuncia sólo con los labios, mascullando una tras otra las avemarías. Así, musitan las beatas y los beatos. —Para un cristiano, la oración vocal ha de enraizarse en el corazón, de modo que, durante el rezo del Rosario, la mente pueda adentrarse en la contemplación de cada uno de los misterios.

478 Siempre retrasas el Rosario para luego, y acabas por omitirlo a causa del sueño. —Si no dispones de otros ratos, recítalo por la calle y sin que nadie lo note. Además, te ayudará a tener presencia de Dios.

479 "Reza por mí", le pedí como hago siempre. Y me contestó asombrado: "¿pero es que le pasa algo?"

Hube de aclararle que a todos nos sucede o nos ocurre algo en cualquier instante; y le añadí que, cuando falta la oración, "pasan y pesan más cosas".

480 Renueva durante el día tus actos de contrición: mira que a Jesús se le ofende de continuo y, por desgracia, no se le desagravia con ese ritmo.

Por eso vengo repitiendo desde siempre: los actos de contrición, ¡cuantos más, mejor! Hazme tú eco, con tu vida y con tus consejos.

481 Cómo enamora la escena de la Anunciación. —María —¡cuántas veces lo hemos meditado!— está recogida en oración..., pone sus cinco sentidos y todas sus potencias al habla con Dios. En la oración conoce la Voluntad divina; y con la oración la hace vida de su vida: ¡no olvides el ejemplo de la Virgen!

TRABAJO

482 El trabajo es la vocación inicial del hombre, es una bendición de Dios, y se equivocan lamentablemente quienes lo consideran un castigo.

El Señor, el mejor de los padres, colocó al primer hombre en el Paraíso, «ut operaretur» —para que trabajara.

483 Estudio, trabajo: deberes ineludibles en todo cristiano; medios para defendernos de los enemigos de la Iglesia y para atraer —con nuestro prestigio profesional— a tantas otras almas que, siendo buenas, luchan aisladamente. Son arma fundamentalísima para quien quiera ser apóstol en medio del mundo.

484 Pido a Dios que te sirvan también de modelo la adolescencia y la juventud de Jesús, lo mismo cuando argumentaba con los doctores del Templo, que cuando trabajaba en el taller de José.

485 ¡Treinta y tres años de Jesús!...: treinta fueron de silencio y oscuridad; de sumisión y trabajo...

486 Me escribía aquel muchachote: "mi ideal es tan grande que no cabe más que en el mar". —Le contesté: ¿y el Sagrario, tan "pequeño"?; ¿y el taller "vulgar" de Nazaret?

—¡En la grandeza de lo ordinario nos espera El!

487 Ante Dios, ninguna ocupación es por sí misma grande ni pequeña. Todo adquiere el valor del Amor con que se realiza.

488 El heroísmo del trabajo está en "acabar" cada tarea.

489 Insisto: en la sencillez de tu labor ordinaria, en los detalles monótonos de cada día, has de descubrir el secreto —para tantos escondido— de la grandeza y de la novedad: el Amor.

490 Te está ayudando mucho —me dices— este pensamiento: desde los primeros cristianos, ¿cuántos comerciantes se habrán hecho santos?

Y quieres demostrar que también ahora resulta posible... —El Señor no te abandonará en este empeño.

491 Tú también tienes una vocación profesional, que te "aguijonea". —Pues, ese "aguijón" es el anzuelo para pescar hombres.

Rectifica, por tanto, la intención, y no dejes de adquirir todo el prestigio profesional posible, en servicio de Dios y de las almas. El Señor cuenta también con "esto".

492 Para acabar las cosas, hay que empezar a hacerlas.

—Parece una perogrullada, pero ¡te falta tantas veces esta sencilla decisión!, y... ¡cómo se alegra satanás de tu ineficacia!

493 No se puede santificar un trabajo que humanamente sea una chapuza, porque no debemos ofrecer a Dios tareas mal hechas.

494 A fuerza de descuidar detalles, pueden hacerse compatibles trabajar sin descanso y vivir como un perfecto comodón.

495 Me has preguntado qué puedes ofrecer al Señor. —No necesito pensar mi respuesta: lo mismo de siempre, pero mejor acabado, con un remate de amor, que te lleve a pensar más en El y menos en ti.

496 Una misión siempre actual y heroica para un cristiano corriente: realizar de manera santa los más variados quehaceres, aun aquellos que parecen más indiferentes.

497 Trabajemos, y trabajemos mucho y bien, sin olvidar que nuestra mejor arma es la oración. Por eso, no me canso de repetir que hemos de ser almas contemplativas en medio del mundo, que procuran convertir su trabajo en oración.

498 Me escribes en la cocina, junto al fogón. Está comenzando la tarde. Hace frío. A tu lado, tu

hermana pequeña —la última que ha descubierto la locura divina de vivir a fondo su vocación cristiana— pela patatas. Aparentemente —piensas— su labor es igual que antes. Sin embargo, ¡hay tanta diferencia!

—Es verdad: antes "sólo" pelaba patatas; ahora, se está santificando pelando patatas.

499 Afirmas que vas comprendiendo poco a poco lo que quiere decir "alma sacerdotal"... No te enfades si te respondo que los hechos demuestran que lo entiendes sólo en teoría. —Cada jornada te pasa lo mismo: al anochecer, en el examen, todo son deseos y propósitos; por la mañana y por la tarde, en el trabajo, todo son pegas y excusas.

¿Así vives el "sacerdocio santo, para ofrecer víctimas espirituales, agradables a Dios por Jesucristo"?

500 Al reanudar tu tarea ordinaria, se te escapó como un grito de protesta: ¡siempre la misma cosa!

Y yo te dije: —sí, siempre la misma cosa. Pero esa tarea vulgar —igual que la que realizan tus compañeros de oficio— ha de ser para ti una continua oración, con las mismas palabras entrañables, pero cada día con música distinta.

Es misión muy nuestra transformar la prosa de esta vida en endecasílabos, en poesía heroica.

501 Aquel «stultorum infinitus est numerus» —es infinito el número de los necios—, que se lee en la Escritura, parece crecer cada día. —En los puestos más diversos, en las situaciones más inesperadas, encubiertos con la capa del prestigio que dan los cargos —y aun las "virtudes"—, ¡cuánto despiste y cuánta falta de sindéresis habrás de soportar!

Pero no me explico que pierdas el sentido sobrenatural de la vida, y permanezcas indiferente: muy baja es tu condición interior, si aguantas esas situaciones —¡y no tienes más remedio que aguantarlas!— por motivos humanos...

Si no les ayudas a descubrir el camino, con un trabajo responsable y bien acabado —¡santificado!—, te haces como ellos —necio—, o eres cómplice.

502 Interesa que bregues, que arrimes el hombro... De todos modos, coloca los quehaceres profesionales en su sitio: constituyen exclusivamente medios para llegar al fin; nunca pueden tomarse, ni mucho menos, como lo fundamental.

¡Cuántas "profesionalitis" impiden la unión con Dios!

503 Perdona mi machaconería: el instrumento, el medio, no debe convertirse en fin. —Si, en lugar de su peso corriente, una azada pesase un quintal, el labrador no podría cavar con esa herramienta, emplearía toda su energía en acarrearla, y la semilla no arraigaría, al quedar inutilizada.

504 Siempre ha ocurrido lo mismo: el que trabaja, por muy recta y limpia que sea su actuación, fácilmente levanta celos, suspicacias, envidias. —Si ocupas un puesto de dirección, recuerda que esas aprensiones de algunos, respecto a un colega concreto, no son motivo bastante para prescindir del "encartado"; más bien muestran que puede ser útil en mayores empresas.

505 ¿Obstáculos?... —A veces, los hay. —Pero, en ocasiones, te los inventas por comodidad o por cobardía. —¡Con qué habilidad formula el diablo la apariencia de esos pretextos para no trabajar...!, porque bien conoce que la pereza es la madre de todos los vicios.

506 Desarrollas una incansable actividad. Pero no te conduces con orden y, por tanto, careces de eficacia. —Me recuerdas lo que oí, en una ocasión, de labios muy autorizados. Quise alabar a un súbdito delante de su superior, y comenté: ¡cuánto trabaja! —Me dieron esta respuesta: diga usted mejor ¡cuánto se mueve!...

—Desarrollas una incansable actividad estéril... ¡Cuánto te mueves!

507 Para quitar importancia a la labor de otro, susurraste: no ha hecho más que cumplir con su deber.

Y yo añadí: —¿te parece poco?... Por cumplir nuestro deber nos da el Señor la felicidad del Cielo: «euge serve bone et fidelis... intra in gaudium Domini tui» —muy bien, siervo bueno y fiel, ¡entra en el gozo eterno!

508 El Señor tiene derecho —y cada uno de nosotros obligación— a que "en todo instante" le glorifiquemos. Luego, si desperdiciamos el tiempo, robamos gloria a Dios.

509 Te consta que la labor es urgente, y que un minuto concedido a la comodidad supone un tiempo sustraído a la gloria de Dios. —¿A qué esperas, pues, para aprovechar a conciencia todos los instantes?

Además, te aconsejo que consideres si esos minutos que te sobran, a lo largo de la jornada —¡bien sumados, resultan horas!—, no obedecen a tu desorden o a tu poltronería.

510 La tristeza y la intranquilidad son proporcionales al tiempo perdido. —Cuando sientas impaciencia santa por aprovechar todos los minutos, la alegría y la paz te colmarán, porque no pensarás en ti.

511 ¿Preocupaciones?... —Yo no tengo preocupaciones —te dije—, porque tengo muchas ocupaciones.

512 Pasas por una etapa crítica: un cierto temor vago; dificultad en adaptar el plan de vida; un trabajo agobiador, porque no te alcanzan las veinticuatro horas del día, para cumplir con todas tus obligaciones...

—¿Has probado a seguir el consejo del Apóstol: "hágase todo con decoro y con orden"?, es decir, en la presencia de Dios, con El, por El y sólo para El.

513 Cuando distribuyas tu tiempo, has de pensar también en qué emplearás los espacios libres que se presenten a horas imprevistas.

514 Siempre he entendido el descanso como apartamiento de lo contingente diario, nunca como días de ocio.

Descanso significa represar: acopiar fuerzas, ideales, planes... En pocas palabras: cambiar de ocupación, para volver después —con nuevos bríos— al quehacer habitual.

515 Ahora, que tienes muchas cosas que hacer, han desaparecido todos "tus problemas"... —Sé sincero: como te has decidido a trabajar por El, ya no te queda tiempo para pensar en tus egoísmos.

516 Las jaculatorias no entorpecen la labor, como el latir del corazón no estorba el movimiento del cuerpo.

517 Santificar el propio trabajo no es una qui-
mera, sino misión de todo cristiano...: tuya y mía.

—Así lo descubrió aquel ajustador, que comentaba: "me vuelve loco de contento esa certeza
de que yo, manejando el torno y cantando, cantando mucho —por dentro y por fuera—, puedo
hacerme santo...: ¡qué bondad la de nuestro
Dios!"

518 La labor se te antoja ingrata, especialmente
cuando contemplas lo poco que aman a Dios tus
compañeros, al paso que huyen de la gracia y del
bien que deseas prestarles.

Has de procurar compensar tú todo lo que
ellos omiten, dándote también a Dios en el trabajo
—como no lo habías hecho hasta ahora—, con-
virtiéndolo en oración que sube al Cielo por la humanidad.

519 Trabajar con alegría no equivale a trabajar
"alegremente", sin profundidad, como quitándose
de encima un peso molesto...

—Procura que, por atolondramiento o por
ligereza, no pierdan valor tus esfuerzos y, a fin de
cuentas, te expongas a presentarte ante Dios con
las manos vacías.

520 Algunos se mueven con prejuicios en el trabajo: por principio, no se fían de nadie y, desde luego, no entienden la necesidad de buscar la santificación de su oficio. Si les hablas, te responden que no les añadas otra carga a la de su propia labor, que soportan de mala gana, como un peso.

—Esta es una de las batallas de paz que hay que vencer: encontrar a Dios en la ocupación y —con El y como El— servir a los demás.

521 Te asustas ante las dificultades, y te retraes. ¿Sabes qué resumen puede trazarse de tu comportamiento?: ¡comodidad, comodidad y comodidad!

Habías dicho que estabas dispuesto a gastarte, y a gastarte sin limitaciones, y te me quedas en aprendiz de héroe. ¡Reacciona con madurez!

522 Estudiante: aplícate con espíritu de apóstol a tus libros, con la convicción íntima de que esas horas y horas son ya, ¡ahora!, un sacrificio espiritual ofrecido a Dios, provechoso para la humanidad, para tu país, para tu alma.

523 Tienes un caballo de batalla que se llama estudio: te propones mil veces aprovechar el tiempo y, sin embargo, te distrae cualquier cosa. A veces te cansas de ti mismo, por la escasa voluntad que muestras; aunque todos los días recomienzas de nuevo.

¿Has probado a ofrecer tu estudio por intenciones apostólicas concretas?

524 Es más fácil bullir que estudiar, y menos eficaz.

525 Si sabes que el estudio es apostolado, y te limitas a estudiar para salir del paso, evidentemente tu vida interior anda mal.

Con ese abandono, pierdes el buen espíritu y, como sucedió a aquel trabajador de la parábola que escondió con cuquería el talento recibido, si no rectificas, puedes autoexcluirte de la amistad con el Señor, para encenagarte en tus cálculos de comodidad.

526 Es necesario estudiar... Pero no es suficiente.

¿Qué se conseguirá de quien se mata por alimentar su egoísmo, o del que no persigue otro objetivo que el de asegurarse la tranquilidad, para dentro de unos años?

Hay que estudiar..., para ganar el mundo y conquistarlo para Dios. Entonces, elevaremos el plano de nuestro esfuerzo, procurando que la labor realizada se convierta en encuentro con el Señor, y sirva de base a los demás, a los que seguirán nuestro camino...

—De este modo, el estudio será oración.

527 Después de conocer tantas vidas heroicas, vividas por Dios sin salirse de su sitio, he llegado a esta conclusión: para un católico, trabajar no es cumplir, ¡es amar!: excederse gustosamente, y siempre, en el deber y en el sacrificio.

528 Cuando comprendas ese ideal de trabajo fraterno por Cristo, te sentirás más grande, más firme, y todo lo feliz que se puede ser en este mundo, que tantos se empeñan en hacer destartalado y amargo, porque andan exclusivamente tras de su yo.

529 La santidad está compuesta de heroísmos. —Por tanto, en el trabajo se nos pide el heroísmo de "acabar" bien las tareas que nos corresponden, día tras día, aunque se repitan las mismas ocupaciones. Si no, ¡no queremos ser santos!

530 Me convenció aquel sacerdote amigo nuestro. Me hablaba de su labor apostólica, y me aseguraba que no hay ocupaciones poco importantes. Debajo de este campo cuajado de rosas —decía—, se esconde el esfuerzo silencioso de tantas almas que, con su trabajo y oración, con su oración y trabajo, han conseguido del Cielo un raudal de lluvias de la gracia, que todo lo fecunda.

531 Pon en tu mesa de trabajo, en la habitación, en tu cartera..., una imagen de Nuestra Señora, y dirígele la mirada al comenzar tu tarea, mientras la realizas y al terminarla. Ella te alcanzará —¡te lo aseguro!— la fuerza para hacer, de tu ocupación, un diálogo amoroso con Dios.

FRIVOLIDAD

532 Cuando se piensa con la mente clara en las miserias de la tierra, y se contrasta ese panorama con las riquezas de la vida con Cristo, a mi juicio, no se encuentra más que una palabra que califique —con expresión rotunda— el camino que elige la gente: necedad, necedad, necedad.

La mayoría de los hombres no es que nos equivoquemos; nos sucede algo bastante peor: somos tontos de remate.

533 Triste cosa, que no quieras esconderte como un sillar, para sostener el edificio. Pero que te conviertas en piedra, donde tropiezan los demás...: ¡eso me parece de malvados!

534 No te escandalices porque haya malos cristianos, que bullen y no practican. El Señor —escribe el Apóstol— "ha de pagar a cada uno según sus obras": a ti, por las tuyas; y a mí, por las mías.

—Si tú y yo nos decidimos a portarnos bien, de momento ya habrá dos pillos menos en el mundo.

535 Mientras no luches contra la frivolidad, tu cabeza semejará al puesto de un chamarilero: no guardará más que utopías, ilusiones y... trastos viejos.

536 Tienes una dosis de frescura que, si la emplearas con sentido sobrenatural, te serviría para ser un cristiano formidable... —Pero, tal como la usas, no pasas de ser un formidable fresco.

537 Con ese tomarte todo a la ligera, me recuerdas aquella vieja jácara: ¡que viene el león!, le dijeron. Y contestó el cándido naturalista: —Y a mí, qué: ¡si yo cazo mariposas!

538 Una persona terrible: el ignorante y, a la vez, trabajador infatigable.

Cuídame, aunque te caigas de viejo, el afán de formarte más.

539 Excusa propia del hombre frívolo y egoísta: "no me gusta comprometerme en nada".

540 No quieres ni lo uno —el mal— ni lo otro —el bien—... Y así, cojeando con entrambos pies, además de equivocar el camino, tu vida queda llena de vacío.

541 «In medio virtus...» —En el medio está la virtud, dice la sabia sentencia, para apartarnos de los extremismos. —Pero no vayas a caer en la equivocación de convertir ese consejo en eufemismo para encubrir tu comodidad, cuquería, tibieza, frescura, falta de ideales, adocenamiento.

Medita aquellas palabras de la Escritura Santa: "¡ojalá fueras frío, o caliente! Mas por cuanto eres tibio y no frío, ni caliente, estoy para vomitarte de mi boca".

542 Nunca llegas al meollo. ¡Siempre te quedas en lo accidental! —Permíteme que te repita

con la Escritura Santa: ¡no haces más que "hablar al aire"!

543 No te comportes tú como ésos que, oyendo un sermón, en lugar de aplicarse personalmente la doctrina, juzgan: ¡qué bien le irá esto a Fulano!

544 A veces, algunos piensan que la calumnia no tiene mala intención: es la hipótesis —dicen— con que la ignorancia explica lo que desconoce o no comprende, para darse tono de enterada.

Pero es doblemente mala: por ignorante y por mentirosa.

545 No hables con tanta irresponsabilidad... ¿No comprendes que, en cuanto tú arrojas la primera piedra, otros —en el anonimato— organizan una pedrea?

546 ¿Eres tú mismo el que crea esa atmósfera de descontento entre los que te rodean? —Perdona entonces que te diga que, además de malvado, eres... estúpido.

547 Ante la desgracia o el error, resulta una triste satisfacción poder decir: "lo había previsto".

Significaría que no te importaba la desventura ajena: porque deberías haberla remediado, si estaba en tu mano.

548 Hay muchos modos de sembrar desorientación... —Basta, por ejemplo, señalar la excepción como regla general.

549 Dices que eres católico... —Por eso, qué pena me das, cuando compruebo que tus convicciones no son lo suficientemente sólidas, como para llevarte a vivir un catolicismo de acción, sin soluciones de continuidad y sin salvedades.

550 Causaría risa, si no fuera tan dolorosa, esa ingenuidad tuya con la que aceptas —por ligereza, ignorancia, complejo de inferioridad...— las paparruchas más burdas.

551 Suponen los tontos, los desaprensivos, los hipócritas, que los demás son también de su condición... Y —esto es lo penoso—, como si lo fueran, los tratan.

552 Malo sería que perdieses tú el tiempo, que no es tuyo, sino de Dios, y para su gloria. Pero si,

además, haces que otros lo pierdan, disminuyes por un lado tu prestigio y, por otro, acrecientas el fraude de gloria que debes a Dios.

553 Te faltan la madurez y el recogimiento propios de quien camina por la vida con la certeza de un ideal, de una meta. —Reza a la Virgen Santa, para que aprendas a ensalzar a Dios con toda tu alma, sin dispersiones de ningún género.

NATURALIDAD

554 Cristo resucitado: el más grande de los milagros no fue visto más que por unos pocos..., los necesarios. La naturalidad es la firma de las empresas divinas.

555 Cuando se trabaja única y exclusivamente por la gloria de Dios, todo se hace con naturalidad, sencillamente, como quien tiene prisa y no puede detenerse en "mayores manifestaciones", para no perder ese trato —irrepetible e incomparable— con el Señor.

556 ¿Por qué —preguntabas indignado— el ambiente y los medios de apostolado han de ser feos, sucios... y complejos? —Y añadías: ¡si cuesta lo mismo!

—A mí me pareció tu indignación muy razonable. Y pensé que Jesús se dirigía y atraía a todos: pobres y ricos, sabios e ignorantes, alegres y tristes, jóvenes y ancianos... ¡Qué amable y natural —sobrenatural— es su figura!

557 Para la eficacia, naturalidad. —¿Qué cabe esperar de un pincel —aun en manos de un gran pintor—, si lo envuelven con caperuza de seda?

558 Los santos resultan siempre "incómodos" para los demás.

559 ¿Santos, anormales?... Ha llegado la hora de arrancar ese prejuicio.

Hemos de enseñar, con la naturalidad sobrenatural de la ascética cristiana, que ni siquiera los fenómenos místicos significan anormalidad: es ésa la naturalidad de esos fenómenos..., como otros procesos psíquicos o fisiológicos tienen la suya.

560 Te hablaba del horizonte, que se abre a nuestros ojos, y del camino que debemos recorrer. —¡No tengo pegas!, declaraste, como extrañado de "no tenerlas"...

—Grábate bien esto en la cabeza: ¡¡es que no debe haberlas!!

561 Evita esa adulación ridícula que, quizá de un modo inconsciente, manifiestas a veces al que hace cabeza, convirtiéndote en altavoz sistemático de sus gustos o de sus opiniones en puntos intrascendentes.

—Pon más cuidado aún, sin embargo, en no empeñarte en mostrar sus defectos como detalles graciosos, llegando a una familiaridad que le desautoriza, o —¡triste servicio le prestarías!— a la deformación de convertir lo que está mal en algo chistoso.

562 Creas a tu alrededor un clima artificial, de desconfianza, de sospecha, porque, cuando hablas, causas la impresión de jugar al ajedrez: cada palabra, pensando en la cuarta jugada posterior.

Fíjate que el Evangelio, al relatar la triste figura cautelosa e hipócrita de los escribas y fariseos, refiere que hacían preguntas a Jesús, le exponían cuestiones, «ut caperent eum in sermone» —¡para retorcer sus palabras! —Huye de ese comportamiento.

563 La naturalidad nada tiene que ver con la zafiedad, ni con la suciedad, ni con la pobretería, ni con la mala educación.

Algunos se empeñan en reducir el servicio a Dios al trabajo con el mundo de la miseria y —perdonad— de los piojos. Esta tarea es y será necesaria y admirable; pero, si nos quedamos exclusivamente ahí, aparte de que abandonaríamos a la inmensa mayoría de las almas, cuando hayamos sacado a los necesitados de esa situación, ¿les ignoraremos?

564 ¿Que eres indigno? —Pues... procura hacerte digno. Y se acabó.

565 ¡Qué ansias tienes de ser extraordinario!... —Lo que te pasa es ¡vulgarísimo!

566 Bienaventurada eres porque has creído, dice Isabel a nuestra Madre. —La unión con Dios, la vida sobrenatural, comporta siempre la práctica atractiva de las virtudes humanas: María lleva la alegría al hogar de su prima, porque "lleva" a Cristo.

VERACIDAD

567 Hacías tu oración delante de un Crucifijo, y tomaste esta decisión: más vale sufrir por la verdad, que la verdad tenga que sufrir por mí.

568 ¡Muchas veces la verdad es tan inverosímil!... sobre todo, porque siempre exige coherencia de vida.

569 Si te molesta que te digan la verdad, entonces... ¿para qué preguntas?

—¿Quizá pretendes que te respondan con tu verdad, para justificar tus descaminos?

570 Aseguras que tienes mucho respeto a la verdad... ¿Por eso te colocas siempre a tan "respetuosa" distancia?

571 No te portes como un memo: nunca es fanatismo querer cada día conocer mejor, y amar más, y defender con mayor seguridad, la verdad que has de conocer, amar y defender.

En cambio —lo digo sin miedo— caen en el sectarismo los que se oponen a esta lógica conducta, en nombre de una falsa libertad.

572 Resulta fácil —también ocurría en tiempo de Jesucristo— decir que no: negar o poner en entredicho una verdad de fe. —Tú, que te declaras católico, has de partir del "sí".

—Después, con el estudio, serás capaz de exponer los motivos de tu certeza: de que no hay contradicción —no la puede haber— entre Verdad y ciencia, entre Verdad y vida.

573 No me abandones la tarea, no te apartes del camino, aunque hayas de convivir con personas llenas de prejuicios, como si la base de los razonamientos, o el significado de los términos, quedase definido por el comportamiento o por las afirmaciones de ellos.

—Esfuérzate para que te entiendan..., pero, si no lo consigues, sigue adelante.

574 Encontrarás gentes a las que, por su obtusa tozudez, podrás difícilmente persuadir... Pero, fuera de esos casos, merece la pena aclarar las discordancias, y aclararlas con toda la paciencia que haga falta.

575 Algunos no oyen —no desean oír— más que las palabras que llevan en su cabeza.

576 Para tantos, la comprensión que exigen a los demás consiste en que todos se pasen a su partido.

577 No puedo creer en tu veracidad, si no sientes desazón, ¡y desazón molesta!, ante la mentira más pequeña e inocua, que nada tiene de pequeña ni de inocua, porque es ofensa a Dios.

578 ¿Por qué miras, y oyes, y lees, y hablas con intención bajuna, y tratas de recoger lo "malo" que reside, no en la intención de los demás, sino sólo en tu alma?

579 Cuando no hay rectitud en el que lee, resulta difícil que descubra la rectitud del que escribe.

580 El sectario no ve más que sectarismo en todas las actividades de los demás. Mide al prójimo con la medida enteca de su corazón.

581 Pena me causó aquel hombre de gobierno. Intuía la existencia de algunos problemas, lógicos por otra parte en la vida..., y se asustó y se molestó cuando se los comunicaron. Prefería desconocerlos, vivir con la media luz o con la penumbra de su visión, para permanecer tranquilo.

Le aconsejé que los afrontara con crudeza y con claridad, precisamente para que dejaran de existir, y le aseguré que entonces sí viviría con la verdadera paz.

Tú, no resuelvas los problemas, propios y ajenos, ignorándolos: esto sería comodidad, pereza, abrir la puerta a la acción del diablo.

582 ¿Has cumplido con tu deber?... ¿Tu intención ha sido recta?... ¿Sí? —Entonces no te preocupes porque haya personas anormales, que descubran el mal que no existe más que en su mirada.

583 Te preguntaron —inquisitivos— si juzgabas buena o mala aquella decisión tuya, que ellos consideraban indiferente.

Y, con segura conciencia, contestaste: "sólo sé dos cosas: que mi intención es limpia y que... conozco bien lo que me cuesta". Y añadiste: Dios es la razón y el fin de mi vida, por eso me consta que nada hay indiferente.

584 Le has explicado tus ideales y tu conducta, segura, firme, de católico: y pareció que aceptaba y comprendía el camino. —Pero luego te has quedado con la duda de si habrá ahogado su comprensión entre sus no muy ordenadas costumbres...

—Búscale de nuevo, y aclárale que la verdad se acepta para vivirla o para intentar vivirla.

585 ¿Quiénes son ellos para experimentar?... ¿Por qué tienen que desconfiar?, me comentas. —Mira: respóndeles, de mi parte, que desconfíen de su propia miseria,... y continúa con tranquilidad tus pasos.

586 Te dan compasión... —Con una total falta de gallardía, tiran la piedra y esconden la mano.

Mira lo que de ellos sentencia el Espíritu Santo: "confusos y avergonzados quedarán todos los forjadores de errores; a una serán cubiertos de oprobio". Sentencia que se cumplirá inexorablemente.

587 ¿Que bastantes difaman y murmuran de aquella empresa apostólica?... —Pues, en cuanto tú proclames la verdad, por lo menos ya habrá uno que no criticará.

588 En el trigal más hermoso y prometedor, es fácil escardar carretones de jaramagos, de amapolas y de grama...

—De la persona más íntegra y responsable no falta —a lo largo de la historia— con qué henchir páginas negras... Piensa también cuánto han hablado y escrito contra Nuestro Señor Jesucristo.

—Te aconsejo que —como con el trigal— recojas las espigas blancas y granadas: la verdadera verdad.

589 Para ti, que me has asegurado que quieres tener una conciencia recta: no olvides que recoger una calumnia, sin impugnarla, es convertirse en colector de basura.

590 Esa propensión tuya —apertura, la llamas— para admitir fácilmente cualquier afirmación, que vaya contra aquella persona, sin oírla, no es precisamente justicia..., ni mucho menos caridad.

591 La calumnia a veces causa daño a los que la padecen... Pero verdaderamente deshonra a quienes la lanzan y difunden..., y después llevan este peso en el fondo de su alma.

592 ¿Por qué tantos murmuradores?, te preguntas dolorido... —Unos, por error, por fanatismo o por malicia. —Pero, los más, repiten el bulo por inercia, por superficialidad, por ignorancia.

Por eso, vuelvo a insistir: cuando no puedas alabar, y no sea necesario hablar, ¡calla!

593 Cuando la víctima calumniada padece en silencio, "los verdugos" se ensañan con su valiente cobardía.

Desconfía de esas afirmaciones rotundas, si los que las propugnan no han intentado, o no han querido, hablar con el interesado.

594 Existen muchos modos de hacer una encuesta. Con un poco de malicia, escuchando las

murmuraciones, se recogen diez tomos en cuarto, contra cualquier persona noble o entidad digna. —Y más, si esa persona o entidad trabaja con eficacia. —Y mucho más aún, si esa eficacia es apostólica...

Triste labor la de los organizadores, pero más triste todavía la postura de los que se prestan para altavoces de esas inicuas y superficiales afirmaciones.

595 Esos —decía con pena— no tienen inteligencia de Cristo, sino careta de Cristo... Por eso carecen de criterio cristiano, no alcanzan la verdad, y no dan fruto.

No podemos olvidar, los hijos de Dios, que el Maestro anunció: "quien a vosotros oye, a Mí me oye..." —Por eso... hemos de tratar de ser Cristo; nunca caricatura de El.

596 En este caso, como en tantos otros, los hombres se mueven —todos creen tener razón—..., y Dios los guía; es decir, por encima de sus razones particulares, acabará por triunfar la inescrutable y amorosísima Providencia de Dios.

Déjate, pues, "guiar" por el Señor, sin oponerte a sus planes, aunque contradigan tus "fundamentales razones".

597 Resulta experiencia penosa observar que algunos, menos preocupados de aprender, de tomar posesión de los tesoros adquiridos por la ciencia, se dedican a construirla a su gusto, con procedimientos más o menos arbitrarios.

Pero esa comprobación te ha de llevar a redoblar tu empeño por profundizar en la verdad.

598 Más cómodo que investigar es escribir contra los que investigan, o contra los que aportan nuevos descubrimientos a la ciencia y a la técnica. —Pero no hemos de tolerar que, además, esos "críticos" pretendan erigirse en señores absolutos del saber y de la opinión de los ignorantes.

599 "No está claro, no está claro", oponía ante la afirmación segura de los demás... Y la que estaba clara era su ignorancia.

600 Te molesta herir, crear divisiones, demostrar intolerancias..., y vas transigiendo en posturas y puntos —¡no son graves, me aseguras!—, que traen consecuencias nefastas para tantos.

Perdona mi sinceridad: con ese modo de actuar, caes en la intolerancia —que tanto te mo-

lesta— más necia y perjudicial: la de impedir que
la verdad sea proclamada.

601 Dios, por su justicia y por su misericordia
—infinitas y perfectas—, trata con el mismo
amor, y de modo desigual, a los hijos desiguales.
     Por eso, igualdad no significa medir a to-
dos con el mismo rasero.

602 Dices una verdad a medias, con tantas po-
sibles interpretaciones, que puede calificarse de...
mentira.

603 La duda —en el terreno de la ciencia, de la
fama ajena— es una planta que se siembra fácilmente, pero que cuesta mucho arrancar.

604 Me recuerdas a Pilatos: «quod scripsi,
scripsi!» —lo que escribí no se cambia..., después
de haber permitido el más horrible crimen. —¡Eres
inconmovible!, pero ¡deberías asumir antes esa
postura..., no luego!

605 Es virtud mantenerse coherente con las
propias resoluciones. Pero, si con el tiempo cam-
bian los datos, es también un deber de coherencia

rectificar el planteamiento y la solución del problema.

606 No confundas la intransigencia santa con
la tozudez cerril.

"Me rompo, pero no me doblego", afirmas
ufano y con cierta altanería.

—Oyeme bien: el instrumento roto queda
inservible, y deja abierto el campo a los que, con
aparente transigencia, imponen luego una intransigencia nefasta.

607 «Sancta Maria, Sedes Sapientiae» —Santa
María, Asiento de la Sabiduría. —Invoca con frecuencia de este modo a Nuestra Madre, para que
Ella llene a sus hijos, en su estudio, en su trabajo,
en su convivencia, de la Verdad que Cristo nos ha
traído.

AMBICIÓN

608 Ante los que reducen la religión a un cúmulo de negaciones, o se conforman con un catolicismo de media tinta; ante los que quieren poner al Señor de cara a la pared, o colocarle en un rincón del alma...: hemos de afirmar, con nuestras palabras y con nuestras obras, que aspiramos a hacer de Cristo un auténtico Rey de todos los corazones..., también de los suyos.

609 No trabajes en empresas apostólicas, solamente construyendo para ahora... Dedícate a esas tareas con la esperanza de que otros —hermanos tuyos con el mismo espíritu— recojan lo que

siembras a voleo, y rematen los edificios que vas cimentando.

610 Cuando te anime de veras el espíritu cristiano, tus afanes se rectificarán. —Ya no sentirás ansias de conseguir renombre, sino de perpetuar tu ideal.

611 Si no es para construir una obra muy grande, muy de Dios —la santidad—, no vale la pena entregarse.

Por eso, la Iglesia —al canonizar a los santos— proclama la heroicidad de su vida.

612 Cuando trabajes en serio por el Señor, tu mayor delicia consistirá en que muchos te hagan la competencia.

613 En esta hora de Dios, la de tu paso por este mundo, decídete de verdad a realizar algo que merece la pena: el tiempo urge, y ¡es tan noble, tan heroica, tan gloriosa la misión del hombre —de la mujer— sobre la tierra, cuando enciende en el fuego de Cristo los corazones mustios y podridos!

—Vale la pena llevar a los demás la paz y la felicidad de una recia y jubilosa cruzada.

614 Te juegas la vida por la honra... Juégate la honra por el alma.

615 Por la Comunión de los Santos, has de sentirte muy unido a tus hermanos. ¡Defiende sin miedo esa bendita unidad!

—Si te encontraras solo, las nobles ambiciones tuyas estarían condenadas al fracaso: una oveja aislada es casi siempre una oveja perdida.

616 Me hizo gracia tu vehemencia. Ante la falta de medios materiales de trabajo y sin la ayuda de otros, comentabas: "yo no tengo más que dos brazos, pero a veces siento la impaciencia de ser un monstruo con cincuenta, para sembrar y recoger la cosecha".

—Pide al Espíritu Santo esa eficacia..., ¡te la concederá!

617 Vinieron a tus manos dos libros en ruso, y te entraron unas ganas enormes de estudiar esa lengua. Imaginabas la hermosura de morir como grano de trigo en esa nación, ahora tan árida, que con el tiempo dará crecidos trigales...

—Me parecen bien tus ambiciones. Pero, ahora, dedícate al pequeño deber, a la gran misión de cada día, a tu estudio, a tu trabajo, a tu apostolado y, sobre todo, a tu formación, que —por lo mucho que aún debes podar— no es tarea ni menos heroica, ni menos hermosa.

618 ¿Para qué sirve un estudiante que no estudia?

619 Cuando te resulte muy cuesta arriba estudiar, ofrece a Jesús ese esfuerzo. Dile que continúas sobre los libros, para que tu ciencia sea el arma con que combatas a sus enemigos y le ganes muchas almas... Entonces, ten la seguridad de que tu estudio lleva camino de hacerse oración.

620 Si pierdes las horas y los días, si matas el tiempo, abres las puertas de tu alma al demonio. Ese comportamiento equivale a sugerirle: "aquí tienes tu casa".

621 ¿Que es difícil no perder el tiempo? —Te lo concedo... Pero mira que el enemigo de Dios, los "otros", no descansan.

Además, acuérdate de esa verdad que Pablo, un campeón del amor de Dios, proclama: «tempus breve est!» —esta vida se nos escapa de

las manos, y no cabe la posibilidad de recupe-
rarla.

622 ¿Te das cuenta de lo que supone que tú
seas o no una persona con sólida preparación?
—¡Cuántas almas!...

—¿Y, ahora, dejarás de estudiar o de trabajar con perfección?

623 Existen dos maneras de llegar alto: una
—cristiana—, por el esfuerzo noble y gallardo de
subir para servir a los demás; y otra —pagana—,
por el esfuerzo bajo e innoble de hundir al prójimo.

624 No me asegures que vives cara a Dios, si
no te esfuerzas en vivir —siempre y en todo—
con sincera y clara fraternidad cara a los hombres,
a cualquier hombre.

625 Los "ambiciosos" —de pequeñas personales ambiciones miserables— no entienden que los
amigos de Dios busquen "algo", por servicio, y
sin "ambición".

626 Una ansiedad te llena: la prisa por forjarte
pronto, por moldearte, por machacarte y pulirte,

para llegar a ser la pieza armónica que cumpla eficazmente la labor prevista, la misión asignada..., en el gran campo de Cristo.

Mucho te encomiendo para que ese afán sea acicate a la hora del cansancio, del fracaso, de la oscuridad..., porque "la misión asignada en el gran campo de Cristo" no puede cambiar.

627 Lucha decididamente contra esa falsa humildad —comodidad, deberías llamarla—, que te impide comportarte con la madurez del buen hijo de Dios: ¡tienes que crecer!

—¿No te causa vergüenza contemplar que tus hermanos mayores llevan años de trabajo entregado, y tú aún no eres capaz —no quieres ser capaz— de levantar un dedo para ayudarles?

628 Deja que se consuma tu alma en deseos... Deseos de amor, de olvido, de santidad, de Cielo... No te detengas a pensar si llegarás alguna vez a verlos realizados —como te sugerirá algún sesudo consejero—: avívalos cada vez más, porque el Espíritu Santo dice que le agradan los "varones de deseos".

Deseos operativos, que has de poner en práctica en la tarea cotidiana.

629 Si el Señor te ha llamado "amigo", has de responder a la llamada, has de caminar a paso rápido, con la urgencia necesaria, ¡al paso de Dios! De otro modo, corres el riesgo de quedarte en simple espectador.

630 Olvídate de ti mismo... Que tu ambición sea la de no vivir más que para tus hermanos, para las almas, para la Iglesia; en una palabra, para Dios.

631 En medio del júbilo de la fiesta, en Caná, sólo María advierte la falta de vino... Hasta los detalles más pequeños de servicio llega el alma si, como Ella, se vive apasionadamente pendiente del prójimo, por Dios.

HIPOCRESÍA

632 La hipocresía hace llevar siempre, a los que la cultivan, una vida de mortificación amarga y rencorosa.

633 Ante propuestas como la de Herodes: "id, e informaos puntualmente de lo que hay de ese Niño y, habiéndole hallado, dadme aviso, para ir yo también a adorarle", pidamos al Espíritu Santo su ayuda, para que nos guarde de las "protecciones o de las buenas promesas" de aparentes bienintencionados.

—No nos faltará la luz del Paráclito si, como los Magos, buscamos la verdad y hablamos con sinceridad.

634 ¿Que hay quien se molesta, porque dices las cosas claras?

—Quizá se mueven con la conciencia turbia, y necesitan encubrirla así.

—Persevera en tu conducta, para ayudarles a reaccionar.

635 Mientras interpretes con mala fe las intenciones ajenas, no tienes derecho a exigir comprensión para ti mismo.

636 Hablas continuamente de que hay que corregir, de que es preciso reformar. Bien...: ¡refórmate tú! —que buena falta te hace—, y ya habrás comenzado la reforma.

Mientras tanto, no daré crédito a tus proclamas de renovación.

637 Los hay tan farisaicos que... se escandalizan, al oír que otras personas repiten precisamente lo mismo que antes escucharon de sus labios.

638 Eres tan entrometido, que parece que no te ocupa más misión que la de bucear en la vida del prójimo. Y cuando, al fin, has tropezado con un hombre digno, de voluntad enérgica, que te ha pa-

rado los pies, te lamentas públicamente como si te hubiera ofendido.

—Hasta ahí llega tu impudor y tu conciencia deformada..., y la de muchos.

639 En una sola jugada, pretendes apropiarte de la "honradez" de la opinión verdadera y de las "ventajas" innobles de la opinión opuesta...

—Eso, en cualquier idioma, se llama doblez.

640 ¡¡Qué bondad la de aquellos!!... —Están dispuestos a "disculpar" lo que sólo merece alabanza.

641 Vieja añagaza es que el perseguidor se diga perseguido... —El pueblo lo ha denunciado, hace tiempo, en claro castellano: tirar la piedra y ponerse la venda.

642 ¿Será cierto que —desgraciadamente— abundan los que faltan a la justicia con sus calumnias y, después, invocan la caridad y la honradez, para que su víctima no pueda defenderse?

643 ¡Triste ecumenismo el que está en boca de católicos que maltratan a otros católicos!

644 ¡Qué equivocada visión de la objetividad! Enfocan las personas o las tareas con las deformadas lentes de sus propios defectos y, con ácida desvergüenza, critican o se permiten vender consejos.

—Propósito concreto: al corregir o al aconsejar, hablar en la presencia de Dios, aplicando esas palabras a nuestra conducta.

645 No recurras jamás al método —siempre deplorable— de organizar agresiones calumniosas contra nadie... Mucho menos en nombre de motivos moralizadores, que nunca justifican una acción inmoral.

646 No hay desapasionamiento ni rectitud de intención en tus consejos, si te molesta o consideras una muestra de desconfianza que oigan, también, a otras personas de probada formación y recta doctrina.

—Si de veras, como aseguras, te interesa el bien de las almas, o la afirmación de la verdad, ¿por qué te ofendes?

647 Ni a José comunica María el misterio que Dios ha obrado en Ella. —Para que nos acostum-

bremos a no ser ligeros, a dar cauce debido a nuestras alegrías y a nuestras tristezas: sin buscar que nos ensalcen o que nos compadezcan. «Deo omnis gloria!» —¡todo para Dios!

VIDA INTERIOR

648 Más consigue aquél que importuna más de cerca... Por eso, acércate a Dios: empéñate en ser santo.

649 Me gusta comparar la vida interior a un vestido, al traje de bodas de que habla el Evangelio. El tejido se compone de cada uno de los hábitos o prácticas de piedad que, como fibras, dan vigor a la tela. Y así como un traje con un desgarrón se desprecia, aunque el resto esté en buenas condiciones, si haces oración, si trabajas..., pero no eres penitente —o al revés—, tu vida interior no es —por decirlo así— cabal.

650 ¡A ver cuándo te enteras de que tu único camino posible es buscar seriamente la santidad!

Decídete —no te ofendas— a tomar en serio a Dios. Esa ligereza tuya, si no la combates, puede acabar en una triste burla blasfema.

651 Unas veces dejas que salte tu mal carácter, que aflora, en más de una ocasión, con una dureza disparatada. Otras, no te ocupas en aderezar tu corazón y tu cabeza, con el fin de que sean aposento regalado para la Santísima Trinidad... Y siempre, acabas por quedarte un tanto lejos de Jesús, a quien conoces poco...

—Así, jamás tendrás vida interior.

652 «Iesus Christus, perfectus Deus, perfectus Homo» —Jesucristo, perfecto Dios y perfecto Hombre.

Muchos son los cristianos que siguen a Cristo, pasmados ante su divinidad, pero le olvidan como Hombre..., y fracasan en el ejercicio de las virtudes sobrenaturales —a pesar de todo el armatoste externo de piedad—, porque no hacen nada por adquirir las virtudes humanas.

653 Remedio para todo: ¡santidad personal!
—Por eso, los santos han estado llenos de paz, de fortaleza, de alegría, de seguridad...

654 Hasta ahora no habías comprendido el mensaje que los cristianos traemos a los demás hombres: la escondida maravilla de la vida interior.
    ¡Qué mundo nuevo les estás poniendo delante!

655 ¡Cuántas cosas nuevas has descubierto! —Sin embargo, a veces eres un ingenuo, y piensas que has visto todo, que estás ya enterado de todo... Luego, tocas con tus manos la riqueza única e insondable de los tesoros del Señor, que siempre te mostrará "cosas nuevas", si tú respondes con amor y delicadeza: y entonces comprendes que estás al principio del camino, porque la santidad consiste en la identificación con Dios, con ese Dios nuestro, que es infinito, inagotable.

656 Con el Amor, más que con el estudio, se llega a comprender las "cosas de Dios".
    Por eso, has de trabajar, has de estudiar, has de aceptar la enfermedad, has de ser sobrio... ¡amando!

657 Para tu examen diario: ¿he dejado pasar alguna hora, sin hablar con mi Padre Dios?... ¿He conversado con El, con amor de hijo? —¡Puedes!

658 Vamos a no engañarnos... —Dios no es una sombra, un ser lejano, que nos crea y luego nos abandona; no es un amo que se va y ya no vuelve. Aunque no lo percibamos con nuestros sentidos, su existencia es mucho más verdadera que la de todas las realidades que tocamos y vemos. Dios está aquí, con nosotros, presente, vivo: nos ve, nos oye, nos dirige, y contempla nuestras menores acciones, nuestras intenciones más escondidas.

Creemos esto..., pero ¡vivimos como si Dios no existiera! Porque no tenemos para El ni un pensamiento, ni una palabra; porque no le obedecemos, ni tratamos de dominar nuestras pasiones; porque no le expresamos amor, ni le desagraviamos...

—¿Vamos a seguir viviendo con una fe muerta?

659 Si tuvieras presencia de Dios, cuántas actuaciones "irremediables" remediarías.

660 ¿Cómo vas a vivir la presencia de Dios, si no haces más que mirar a todas partes?... —Estás como borracho de futilidades.

661 Es posible que te asuste esta palabra: meditación. —Te recuerda libros de tapas negras y viejas, ruido de suspiros o de rezos como cantilenas rutinarias... Pero eso no es meditación.

Meditar es considerar, contemplar que Dios es tu Padre, y tú, su hijo, necesitado de ayuda; y después darle gracias por lo que ya te ha concedido y por todo lo que te dará.

662 El único medio para conocer a Jesús: ¡tratarlo! En El, encontrarás siempre un Padre, un Amigo, un Consejero y un Colaborador para todas las actividades nobles de tu vida cotidiana...

—Y, con el trato, se engendrará el Amor.

663 Si eres tenaz para asistir a diario a unas clases, sólo porque allí adquieres unos conocimientos... muy limitados, ¿cómo no tienes constancia para frecuentar al Maestro, siempre deseoso de enseñarte la ciencia de la vida interior, de sabor y contenido eternos?

664 ¿Qué vale el hombre o el galardón más grande de la tierra, comparado con Jesucristo, que está siempre esperándote?

665 Un rato de meditación diaria —unión de amistad con Dios— es cosa propia de personas que saben aprovechar rectamente su vida; de cristianos conscientes, que obran en consecuencia.

666 Los enamorados no saben decirse adiós: se acompañan siempre.
—Tú y yo, ¿amamos así al Señor?

667 ¿No has visto cómo, para agradar y bien parecer, se arreglan los que se aman?... —Pues así has de arreglar y componer tu alma.

668 La gracia actúa, de ordinario, como la naturaleza: por grados. —No podemos propiamente adelantarnos a la acción de la gracia: pero, en lo que de nosotros depende, hemos de preparar el terreno y cooperar, cuando Dios nos la concede.

Es menester lograr que las almas apunten muy alto: empujarlas hacia el ideal de Cristo; llevarlas hasta las últimas consecuencias, sin atenuantes ni paliativos de ningún género, sin olvidar que la santidad no es primordialmente obra de brazos. La gracia, normalmente, sigue sus horas, y no gusta de violencias.

Fomenta tus santas impaciencias..., pero no me pierdas la paciencia.

669 Corresponder a la gracia divina —preguntas—, ¿es de justicia...?, ¿de generosidad...?
—¡De Amor!

670 "Me bullen en la cabeza los asuntos en los momentos más inoportunos...", dices.

Por eso te he recomendado que trates de lograr unos tiempos de silencio interior..., y la guarda de los sentidos externos e internos.

671 "Quédate con nosotros, porque ha oscurecido..." Fue eficaz la oración de Cleofás y su compañero.

—¡Qué pena, si tú y yo no supiéramos "detener" a Jesús que pasa!, ¡qué dolor, si no le pedimos que se quede!

672 Esos minutos diarios de lectura del Nuevo Testamento, que te aconsejé —metiéndote y participando en el contenido de cada escena, como un protagonista más—, son para que encarnes, para que "cumplas" el Evangelio en tu vida..., y para "hacerlo cumplir".

673 Antes te "divertías" mucho... —Pero ahora que llevas a Cristo en ti, se ha llenado tu vida entera de sincera y comunicativa alegría. Por eso atraes a otros.

—Trátale más, para llegar a todos.

674 ¡Cuidado: hila muy fino! —Procura que, al alzar tú la temperatura del ambiente que te rodea, no baje la tuya.

675 Acostúmbrate a referir todo a Dios.

676 ¿No observas cómo muchos de tus compañeros saben demostrar gran delicadeza y sensibilidad, en su trato con las personas que aman: su novia, su mujer, sus hijos, su familia...?

—Diles —¡y exígete tú mismo!— que el Señor no merece menos: ¡que le traten así! Y aconséjales, además, que sigan con esa delicadeza y esa sensibilidad, pero vividas con El y por El, y alcanzarán una felicidad nunca soñada, también aquí en la tierra.

677 El Señor sembró en tu alma buena simiente. Y se valió —para esa siembra de vida eterna— del medio poderoso de la oración: por-

que tú no puedes negar que, muchas veces, estando frente al Sagrario, cara a cara, El te ha hecho oír —en el fondo de tu alma— que te quería para Sí, que habías de dejarlo todo... Si ahora lo niegas, eres un traidor miserable; y, si lo has olvidado, eres un ingrato.

Se ha valido también —no lo dudes, como no lo has dudado hasta ahora— de los consejos o insinuaciones sobrenaturales de tu Director, que te ha repetido insistentemente palabras que no debes pasar por alto; y se valió al comienzo, además —siempre para depositar la buena semilla en tu alma—, de aquel amigo noble, sincero, que te dijo verdades fuertes, llenas de amor de Dios.

—Pero, con ingenua sorpresa, has descubierto que el enemigo ha sembrado cizaña en tu alma. Y que la continúa sembrando, mientras tú duermes cómodamente y aflojas en tu vida interior. —Esta, y no otra, es la razón de que encuentres en tu alma plantas pegajosas, mundanas, que en ocasiones parece que van a ahogar el grano de trigo bueno que recibiste...

—¡Arráncalas de una vez! Te basta la gracia de Dios. No temas que dejen un hueco, una herida... El Señor pondrá ahí nueva semilla suya: amor de Dios, caridad fraterna, ansias de apostolado... Y, pasado el tiempo, no permanecerá ni el mínimo rastro de la cizaña: si ahora, que estás a tiempo, la extirpas de raíz; y mejor, si no duermes y vigilas de noche tu campo.

678 ¡Dichosas aquellas almas bienaventuradas que, cuando oyen hablar de Jesús —y El nos habla constantemente—, le reconocen al punto como el Camino, la Verdad y la Vida!

　　　—Bien te consta que, cuando no participamos de esa dicha, es porque nos ha faltado la determinación de seguirle.

679 Una vez más has sentido a Cristo muy cerca. —Y una vez más has comprendido que todo lo tienes que hacer por El.

680 Acércate más al Señor..., ¡más! —Hasta que se convierta en tu Amigo, en tu Confidente, en tu Guía.

681 Cada día te notas más metido en Dios..., me dices. —Entonces, cada día estarás más cerca de tus hermanos.

682 Si hasta ahora, antes de encontrarle, querías correr en tu vida con los ojos abiertos, para

enterarte de todo; desde este momento..., ¡a correr con la mirada limpia!, para ver con El lo que verdaderamente te interesa.

683 Cuando hay vida interior, con la espontaneidad con que la sangre acude a la herida, así se recurre a Dios ante cualquier contrariedad.

684 "Esto es mi Cuerpo...", y Jesús se inmoló, ocultándose bajo las especies de pan. Ahora está allí, con su Carne y con su Sangre, con su Alma y con su Divinidad: lo mismo que el día en el que Tomás metió los dedos en sus Llagas gloriosas.

Sin embargo, en tantas ocasiones, tú cruzas de largo, sin esbozar ni un breve saludo de simple cortesía, como haces con cualquier persona conocida que encuentras al paso.

—¡Tienes bastante menos fe que Tomás!

685 Si, para liberarte, hubieran encarcelado a un íntimo amigo tuyo, ¿no procurarías ir a visitarle, a charlar un rato con él, a llevarle obsequios, calor de amistad, consuelo?... Y, ¿si esa charla con el encarcelado fuese para salvarte a ti de un mal y procurarte un bien..., la abandonarías? Y, ¿si, en vez de un amigo, se tratase de tu mismo padre o de tu hermano?

—¡Entonces!

686 ¡Jesús se ha quedado en la Hostia Santa por nosotros!: para permanecer a nuestro lado, para sostenernos, para guiarnos. —Y amor únicamente con amor se paga.

—¿Cómo no habremos de acudir al Sagrario, cada día, aunque sólo sea por unos minutos, para llevarle nuestro saludo y nuestro amor de hijos y de hermanos?

687 ¿Has visto la escena? —Un sargento cualquiera o un alferecillo con poco mando...; de frente, se acerca un recluta bien plantado, de incomparables mejores condiciones que los oficiales, y no falta el saludo ni la contestación.

Medita en el contraste. —Desde el Sagrario de esa iglesia, Cristo —perfecto Dios, perfecto Hombre—, que ha muerto por ti en la Cruz, y que te da todos los bienes que necesitas..., se te acerca. Y tú, pasas sin fijarte.

688 Comenzaste con tu visita diaria... —No me extraña que me digas: empiezo a querer con locura la luz del Sagrario.

689 Que no falte a diario un "Jesús, te amo" y una comunión espiritual —al menos—, como desagravio por todas las profanaciones y sacrilegios, que sufre El por estar con nosotros.

690 ¿No se saluda y se trata con cordialidad a todas las personas queridas? —Pues, tú y yo vamos a saludar —muchas veces al día— a Jesús, a María y a José, y a nuestro Angel Custodio.

691 Ten una devoción intensa a Nuestra Madre. Ella sabe corresponder finamente a los obsequios que le hagamos.

Además, si rezas todos los días, con espíritu de fe y de amor, el Santo Rosario, la Señora se encargará de llevarte muy lejos por el camino de su Hijo.

692 Sin el auxilio de Nuestra Madre, ¿cómo vamos a sostenernos en la lucha diaria? —¿Lo buscas constantemente?

693 El Angel Custodio nos acompaña siempre como testigo de mayor excepción. El será quien, en tu juicio particular, recordará las delicadezas que hayas tenido con Nuestro Señor, a lo largo de tu vida. Más: cuando te sientas perdido por las terribles acusaciones del enemigo, tu Angel presentará aquellas corazonadas íntimas —quizá olvidadas por ti mismo—, aquellas muestras de amor que hayas dedicado a Dios Padre, a Dios Hijo, a Dios Espíritu Santo.

Por eso, no olvides nunca a tu Custodio, y ese Príncipe del Cielo no te abandonará ahora, ni en el momento decisivo.

694 Tus comuniones eran muy frías: prestabas poca atención al Señor: con cualquier bagatela te distraías... —Pero, desde que piensas —en ese íntimo coloquio tuyo con Dios— que están presentes los Angeles, tu actitud ha cambiado...: "¡que no me vean así!", te dices...

—Y mira cómo, con la fuerza del "qué dirán" —esta vez, para bien—, has avanzado un poquito hacia el Amor.

695 Cuando te veas con el corazón seco, sin saber qué decir, acude con confianza a la Virgen. Dile: Madre mía Inmaculada, intercede por mí.

Si la invocas con fe, Ella te hará gustar —en medio de esa sequedad— de la cercanía de Dios.

SOBERBIA

696 Arrancar de cuajo el amor propio y meter el amor a Jesucristo: aquí radica el secreto de la eficacia y de la felicidad.

697 Aunque afirmas que le sigues, de una manera o de otra pretendes siempre obrar "tú", según "tus" planes, y con "tus" solas fuerzas. —Pero el Señor ha dicho: «sine me nihil!» —sin Mí, nada puedes hacer.

698 Han desconocido eso que tú llamas tu "derecho", que te he traducido yo como tu "derecho a la soberbia"... ¡Pobre mamarracho! —Has sentido, porque no te podías defender —era poderoso el atacante—, el dolor de cien bofetones. —Y, a pesar de todo, no aprendes a humillarte.

Ahora es tu conciencia la que te arguye: te llama soberbio... y cobarde. —Da gracias a Dios, porque ya vas entreviendo tu "deber de la humildad".

699 Estás lleno de ti, de ti, de ti... —Y no serás eficaz hasta que no te llenes de El, de El, de El, actuando «in nomine Domini» —en nombre y con la fuerza de Dios.

700 ¿Cómo pretendes seguir a Cristo, si giras solamente alrededor de ti mismo?

701 Una impaciente y desordenada preocupación por subir profesionalmente, puede disfrazar el amor propio so capa "de servir a las almas". Con falsía —no quito una letra—, nos forjamos la justificación de que no debemos desaprovechar ciertas coyunturas, ciertas circunstancias favorables...

Vuelve tus ojos a Jesús: El es "el Camino". También durante sus años escondidos surgieron coyunturas y circunstancias "muy favorables", para anticipar su vida pública. A los doce años, por ejemplo, cuando los doctores de la ley se admiraron de sus preguntas y de sus respuestas... Pero Jesucristo cumple la Voluntad de su Padre, y espera: ¡obedece!

—Sin perder esa santa ambición tuya de llevar el mundo entero a Dios, cuando se insinúen esas iniciativas —ansias quizá de deserción—, recuerda que también a ti te toca obedecer y ocuparte de esa tarea oscura, poco brillante, mientras el Señor no te pida otra cosa: El tiene sus tiempos y sus sendas.

702 Fatuos y soberbios se demuestran todos aquéllos que abusan de su situación de privilegio —dada por el dinero, por el linaje, por el grado, por el cargo, por la inteligencia...—, para humillar a los menos afortunados.

703 La soberbia, antes o después, acaba por humillar, cara a los demás, al hombre "más hombre", que actúa como una marioneta vanidosa y sin cerebro, movida por los hilos que acciona satanás.

704 Por presunción o por simple vanidad, muchos sostienen un "mercado negro", para alzar artificialmente sus propios valores personales.

705 Cargos... ¿Arriba o abajo? —¡Qué más te da!... Tú —así lo aseguras— has venido a ser útil, a servir, con una disponibilidad total: pórtate en consecuencia.

706 Hablas, criticas... Parece que sin ti nada se hace bien.

—No te enfades si te digo que te conduces como un déspota arrogante.

707 Si con lealtad, caritativamente, un buen amigo te advierte, a solas, de puntos que afean tu conducta, se alza dentro de ti la convicción de que se equivoca: no te comprende. Con ese falso convencimiento, hijo de tu orgullo, siempre serás incorregible.

—Me das lástima: te falta decisión para buscar la santidad.

708 Malicioso, suspicaz, complicado, desconfiado, receloso,... adjetivos todos que mereces, aunque te molesten.

—¡Rectifica!, ¿por qué los demás han de ser siempre malos... y tú bueno?

709 Te encuentras solo..., te quejas..., todo te molesta. —Porque tu egoísmo te aísla de tus hermanos, y porque no te acercas a Dios.

710 ¡Siempre pretendiendo que te hagan caso ostensiblemente!... Pero, sobre todo, ¡que te hagan más caso que a los demás!

711 ¿Por qué imaginas que todo lo que te dicen va con segunda intención?... Con tu susceptibilidad, estás limitando de continuo la acción de la gracia, que te llega por medio de la palabra, no lo dudes, de quienes luchan por ajustar sus obras al ideal de Cristo.

712 Mientras sigas persuadido de que los demás han de vivir siempre pendientes de ti, mientras no te decidas a servir —a ocultarte y desaparecer—, el trato con tus hermanos, con tus colegas, con tus amigos, será fuente continua de disgustos, de malhumor...: de soberbia.

713 Detesta la jactancia. —Repudia la vanidad. —Combate el orgullo, cada día, en todo instante.

714 Los pobrecitos soberbios sufren por mil pequeñas tonterías, que agiganta su amor propio, y que a los otros pasan inadvertidas.

715 ¿Crees que los demás no han tenido nunca veinte años? ¿Crees que no han estado nunca copados por la familia, como menores de edad? ¿Crees que se han ahorrado los problemas —mínimos o no tan mínimos— con los que tropiezas?... No. Ellos han pasado por las mismas circunstancias que tú atraviesas ahora, y se han hecho maduros —con la ayuda de la gracia—, pisoteando su yo con perseverancia generosa, cediendo en lo que se podía ceder, y manteniéndose leales, sin arrogancia y sin herir —con serena humildad—, cuando no se podía.

716 Ideológicamente eres muy católico. El ambiente de la Residencia te gusta... ¡Lástima que la Misa no sea a las doce, y las clases por la tarde, para estudiar después de cenar, saboreando una o dos copas de coñac! —Ese "catolicismo" tuyo no responde a la verdad, se queda en simple aburguesamiento.

—¿No comprendes que no cabe pensar así a tus años? Sal de tu poltronería, de tu egolatría..., y acomódate a las necesidades de los demás, a la realidad que te rodea, y vivirás en serio el catolicismo.

717 "Este santo —decía aquél, que había regalado la imagen puesta al culto—... me debe todo lo que es".

No pienses en una caricatura: también tú estimas —al menos eso parece por tu comportamiento— que cumples con Dios, por llevar unas medallas o por unas prácticas de piedad, más o menos rutinarias.

718 ¡Que vean mis obras buenas!... —Pero, ¿no adviertes que parece que las llevas en un cesto de baratijas, para que contemplen tus cualidades?

Además, no olvides la segunda parte del mandato de Jesús: "y glorifiquen a vuestro Padre que está en los cielos".

719 "A mí mismo, con la admiración que me debo". —Esto escribió en la primera página de un libro. Y lo mismo podrían estampar muchos otros pobrecitos, en la última hoja de su vida.

¡Qué pena, si tú y yo vivimos o terminamos así! —Vamos a hacer un examen serio.

720 No tomes nunca una actitud de suficiencia frente a las cosas de la Iglesia, ni frente a los hombres, tus hermanos... Pero, en cambio, esa actitud puede ser necesaria en la actuación social, cuando se trata de defender los intereses de Dios y de las almas, porque ya no se trata de suficiencia, sino de fe y fortaleza, que viviremos con serena y humilde seguridad.

721 Es indiscreto, pueril y ñoño decir amabilidades de los demás o elogiar sus cualidades, delante de los interesados.

—Así se fomenta la vanidad, y se corre el riesgo de que se "robe" gloria a Dios, a Quien todo se le debe.

722 Procura que tu buena intención vaya siempre acompañada de la humildad. Porque, con frecuencia, a las buenas intenciones se unen la dureza en el juicio, una casi incapacidad de ceder, y un cierto orgullo personal, nacional o de grupo.

723 No te descorazones ante tus errores: reacciona.

—La esterilidad no es tanto consecuencia

de las faltas —sobre todo, si uno se arrepiente—, cuanto de la soberbia.

724 Si has caído, levántate con más esperanza... Sólo el amor propio no entiende que el error, cuando se rectifica, ayuda a conocerse y a humillarse.

725 "No servimos para nada". —Afirmación pesimista y falsa. —Si se quiere, con la gracia de Dios —requisito previo y fundamental—, se puede llegar a servir, como buen instrumento, en muchas empresas.

726 Me hizo pensar la frase dura, pero cierta, de aquel varón de Dios, al contemplar la altanería de aquella criatura: "se viste con la misma piel del diablo, la soberbia".

Y vino a mi alma, por contraste, el deseo sincero de revestirme con la virtud que predicó Jesucristo, «quia mitis sum et humilis corde», —soy manso y humilde de corazón—; y que ha atraído la mirada de la Trinidad Beatísima sobre su Madre y Madre nuestra: la humildad, el sabernos y sentirnos nada.

AMISTAD

727 Cuando te cueste prestar un favor, un servicio a una persona, piensa que es hija de Dios, recuerda que el Señor nos mandó amarnos los unos a los otros.

—Más aún: ahonda cotidianamente en este precepto evangélico; no te quedes en la superficie. Saca las consecuencias —bien fácil resulta—, y acomoda tu conducta de cada instante a esos requerimientos.

728 Se vive de modo tan precipitado, que la caridad cristiana ha pasado a constituir un fenómeno raro, en este mundo nuestro; aunque —al menos de nombre— se predica a Cristo...

—Te lo concedo. Pero, ¿qué haces tú que, como católico, has de identificarte con El y seguir sus huellas?: porque nos ha indicado que hemos de ir a enseñar su doctrina a todas las gentes, ¡a todas!, y en todos los tiempos.

729 Los hombres —ha ocurrido siempre en la historia— coaligan sus vidas, para cumplir una misión y un destino colectivos.

—¿Valdrá menos, para los hombres y las mujeres de hoy, el "único destino" de la felicidad eterna?

730 Has comprendido el sentido de la amistad, cuando llegaste a sentirte como el pastor de un rebaño pequeñito, al que habías tenido abandonado, y que ahora procuras reunir nuevamente, ocupándote de servir a cada uno.

731 No puedes ser un elemento pasivo tan sólo. Tienes que convertirte en verdadero amigo de tus amigos: "ayudarles". Primero, con el ejemplo de tu conducta. Y luego, con tu consejo y con el ascendiente que da la intimidad.

732 Te ha entusiasmado ese espíritu de hermandad y compañerismo, que descubriste inesperadamente... —Claro: es algo que habías soñado con tanta fuerza, pero que nunca habías visto. No lo habías visto, porque los hombres olvidan que son hermanos de Cristo, de ese amable Hermano nuestro, que entregó su vida por los otros, por todos y por cada uno, sin condiciones.

733 Has tenido la gran suerte de encontrar maestros de verdad, amigos auténticos, que te han enseñado sin reservas todo cuanto has querido saber; no has necesitado de artimañas para "robarles" su ciencia, porque te han indicado el camino más fácil, aunque a ellos les haya costado duro trabajo y sufrimientos descubrirlo... Ahora, te toca a ti hacer otro tanto, con éste, con aquél, ¡con todos!

734 Medítalo bien, y actúa en consecuencia: esas personas, a las que resultas antipático, dejarán de opinar así, cuando se den cuenta de que "de verdad" les quieres. De ti depende.

735 No basta ser bueno: has de parecerlo. ¿Qué dirías de un rosal que no produjera más que espinas?

736 Para caldear a los tibios, es preciso que les rodee el fuego del entusiasmo.

Muchos podrían gritarnos: ¡no os lamentéis de mi estado!, ¡enseñadme el camino para salir de esta situación, que tanto os entristece!

737 El deber de la fraternidad, con todas las almas, hará que ejercites el "apostolado de las cosas pequeñas", sin que lo noten: con afán de servicio, de modo que el camino se les muestre amable.

738 ¡Qué alma más estrecha la de los que guardan celosamente su "lista de agravios"!... Con esos desgraciados es imposible convivir.

La verdadera caridad, así como no lleva cuenta de los "constantes y necesarios" servicios que presta, tampoco anota, «omnia suffert» —soporta todo—, los desplantes que padece.

739 Cumples un plan de vida exigente: madrugas, haces oración, frecuentas los Sacramentos, trabajas o estudias mucho, eres sobrio, te mortificas..., ¡pero notas que te falta algo!

Lleva a tu diálogo con Dios esta consideración: como la santidad —la lucha para alcanzarla— es la plenitud de la caridad, has de revisar tu amor a Dios y, por El, a los demás. Quizá descubrirás entonces, escondidos en tu alma, grandes defectos, contra los que ni siquiera luchabas: no eres buen hijo, buen hermano, buen compañero, buen amigo, buen colega; y, como amas desordenadamente "tu santidad", eres envidioso.

Te "sacrificas" en muchos detalles "personales": por eso estás apegado a tu yo, a tu persona y, en el fondo, no vives para Dios ni para los demás: sólo para ti.

740 Te consideras amigo porque no dices una palabra mala. —Es verdad; pero tampoco veo una obra buena de ejemplo, de servicio...

—Esos son los peores amigos.

741 Primero maltratas... Y, antes de que nadie reaccione, gritas: "ahora, ¡caridad entre todos!"

—Si empezaras por lo segundo, no llegarías nunca a lo primero.

742 No seas cizañero, como aquél del que afirmaba su propia madre: "usted preséntele a sus amigos, que él se encargará de que esos amigos riñan con usted".

743 No me parece cristiana la fraternidad, de que alardea contigo aquel amigo, que te previene:

"me han dicho de ti esta o aquella bárbara calumnia: no te fíes de alguna persona que debe estar metida en tu intimidad"...

No me parece cristiana, porque a ese "hermano" le falta el arranque noble de acallar al calumniador antes y, después, de comunicarte lealmente su nombre.

—Si no tiene carácter para exigirse esta conducta, ese "hermano" te expone a dejarte solo en la vida, empujándote a que desconfíes de todos y a que faltes a la caridad con todos.

744 No posees ni pizca de visión sobrenatural y, en los demás, ves sólo personas de mejor o peor posición social. De las almas, ni te acuerdas para nada, ni las sirves. Por eso no eres generoso..., y vives muy lejos de Dios con tu falsa piedad, aunque mucho reces.

Bien claro ha hablado el Maestro: "apartaos de mí, e id al fuego eterno, porque tuve hambre..., tuve sed..., estaba en la cárcel..., y no me atendisteis".

745 No resulta compatible amar a Dios con perfección, y dejarse dominar por el egoísmo —o por la apatía— en el trato con el prójimo.

746 La amistad verdadera supone también un esfuerzo cordial por comprender las convicciones de nuestros amigos, aunque no lleguemos a compartirlas, ni a aceptarlas.

747 No permitas nunca que crezca la hierba mala en el camino de la amistad: sé leal.

748 Un propósito firme en la amistad: que en mi pensamiento, en mi palabra, en mis obras respecto a mi prójimo —sea quien sea—, no me conduzca como hasta ahora: es decir, que nunca deje de practicar la caridad, que jamás dé paso en mi alma a la indiferencia.

749 Tu caridad ha de estar adecuada, ajustada, a las necesidades de los demás...; no a las tuyas.

750 ¡Hijos de Dios!: una condición que nos transforma en algo más trascendente que en personas que se soportan mutuamente. Escucha al Señor: «vos autem dixi amicos!» —somos sus amigos, que, como El, dan gustosamente su vida los unos por los otros, en la hora heroica y en la convivencia corriente.

751 ¿Cómo se puede pretender que quienes no poseen nuestra fe vengan a la Iglesia Santa, si contemplan el desairado trato mutuo de los que se dicen seguidores de Cristo?

752 La atracción de tu trato amable ha de ensancharse en cantidad y calidad. Si no, tu apostolado se extinguirá en cenáculos inertes y cerrados.

753 Con tu amistad y con tu doctrina —me corrijo: con la caridad y con el mensaje de Cristo—, moverás a muchos no católicos a colaborar en serio, para hacer el bien a todos los hombres.

754 Tomé nota de las palabras de aquel obrero, que comentaba entusiasmado después de participar en esa reunión, que promoviste: "nunca había oído hablar, como se hace aquí, de nobleza, de honradez, de amabilidad, de generosidad..." —Y concluía asombrado: "frente al materialismo de izquierdas o de derechas, ¡esto es la verdadera revolución!"

   —Cualquier alma entiende la fraternidad que Jesucristo ha instaurado: ¡empeñémonos en no desvirtuar esa doctrina!

755 A veces pretendes justificarte, asegurando que eres distraído, despistado; o que, por carácter, eres seco, reservón. Y añades que, por eso, ni siquiera conoces a fondo a las personas con quienes convives.

—Oye: ¿verdad que no te quedas tranquilo con esa excusa?

756 Pon mucha visión sobrenatural en todos los detalles de tu vida ordinaria, te aconsejé. Y añadí inmediatamente: la convivencia te ofrece muchas ocasiones, a lo largo del día.

757 Vivir la caridad significa respetar la mentalidad de los otros; llenarse de gozo por su camino hacia Dios..., sin empeñarse en que piensen como tú, en que se unan a ti.

—Se me ocurrió hacerte esta consideración: esos caminos, distintos, son paralelos; siguiendo el suyo propio, cada uno llegará a Dios...; no te pierdas en comparaciones, ni en deseos de conocer quién va más alto: eso no importa, lo que interesa es que todos alcancemos el fin.

758 ¡Que el otro está lleno de defectos! Bien... Pero, además de que sólo en el Cielo están los

perfectos, tú también arrastras los tuyos y, sin embargo, te soportan y, más aun, te estiman: porque te quieren con el amor que Jesucristo daba a los suyos, ¡que bien cargados de miserias andaban!

—¡Aprende!

759 Te quejas de que no es comprensivo... —Yo tengo la certeza de que hace lo posible por entenderte. Pero tú, ¿cuándo te esforzarás un poquito por comprenderle?

760 ¡De acuerdo!, lo admito: esa persona se ha portado mal; su conducta es reprobable e indigna; no demuestra categoría ninguna.

—¡Merece humanamente todo el desprecio!, has añadido.

—Insisto, te comprendo, pero no comparto tu última afirmación; esa vida mezquina es sagrada: ¡Cristo ha muerto para redimirla! Si El no la despreció, ¿cómo puedes atreverte tú?

761 Si tu amistad se rebaja hasta convertirse en cómplice de las miserias ajenas, se reduce a triste compadreo, que no merece el mínimo aprecio.

762 Verdaderamente la vida, de por sí estrecha e insegura, a veces se vuelve difícil. —Pero eso contribuirá a hacerte más sobrenatural, a que veas la mano de Dios: y así serás más humano y comprensivo con los que te rodean.

763 La indulgencia es proporcional a la autoridad. Un simple juez ha de condenar —quizá reconociendo los atenuantes— al reo convicto y confeso. El poder soberano de un país, algunas veces, concede una amnistía o un indulto. Al alma contrita, Dios la perdona siempre.

764 "A través de vosotros he visto a Dios, que olvidaba mis locuras y mis ofensas, y me acogía con cariño de Padre". Esto escribió a los suyos, contrito, de regreso a la casa paterna, un hijo pródigo del siglo XX.

765 Te ha costado mucho ir apartando y olvidando las preocupacioncillas tuyas, tus ilusiones personales: pobres y pocas, pero arraigadas. —A cambio, ahora estás bien seguro de que tu ilusión y tu ocupación son tus hermanos, y sólo ellos, porque en el prójimo has aprendido a descubrir a Jesucristo.

766 "¡El ciento por uno!"... ¡Cómo te acordabas hace unos días de esa promesa del Señor!

—En la fraternidad que se vive entre tus compañeros de apostolado, te lo aseguro, encontrarás ese ciento por uno.

767 ¡Cuántos temores y cuántos peligros puede disipar el amor verdadero entre los hermanos, que no se nombra —porque entonces parece como si se profanase—, pero que resplandece en cada detalle!

768 Acude en confidencia segura, todos los días, a la Virgen Santísima. Tu alma y tu vida saldrán reconfortadas. —Ella te hará participar de los tesoros que guarda en su corazón, pues "jamás se oyó decir que ninguno de cuantos han acudido a su protección haya sido desoído".

VOLUNTAD

769 Para ir adelante, en la vida interior y en el apostolado, no es la devoción sensible lo necesario; sino la disposición decidida y generosa, de la voluntad, a los requerimientos divinos.

770 Sin el Señor no podrás dar un paso seguro. —Esta certeza de que necesitas su ayuda, te llevará a unirte más a El, con recia confianza, perseverante, ungida de alegría y de paz, aunque el camino se haga áspero y pendiente.

771 Mira la gran diferencia que media entre el modo de obrar natural y el sobrenatural. El primero comienza bien, para acabar aflojando luego. El segundo comienza igualmente bien..., pero después se esfuerza por proseguir aún mejor.

772 No es malo comportarse bien por nobles razones humanas. —Pero... ¡qué diferencia cuando "mandan" las sobrenaturales!

773 Al contemplar esa alegría ante el trabajo duro, preguntó aquel amigo: pero ¿se hacen todas esas tareas por entusiasmo? —Y le respondieron con alegría y con serenidad: "¿por entusiasmo?..., ¡nos habríamos lucido!"; «per Dominum Nostrum Iesum Christum!» —¡por Nuestro Señor Jesucristo!, que nos espera de continuo.

774 El mundo está necesitando que despertemos a los somnolientos, que animemos a los tímidos, que guiemos a los desorientados; en una palabra, que los encuadremos en las filas de Cristo, para que no se echen a perder tantas energías.

775 Quizá a ti también te aproveche aquella industria sobrenatural —delicadeza de voluntario amor— que se repetía un alma muy de Dios, ante las distintas exigencias: "ya es hora de que te decidas, de verdad, a hacer algo que merezca la pena".

776 ¿Qué perfección cristiana pretendes alcanzar, si haces siempre tu capricho, "lo que te gusta"...? Todos tus defectos, no combatidos, darán un lógico fruto constante de malas obras. Y tu voluntad —que no estará templada en una lucha perseverante— no te servirá de nada, cuando llegue una ocasión difícil.

777 La fachada es de energía y reciedumbre. —Pero ¡cuánta flojera y falta de voluntad por dentro!

—Fomenta la decisión de que tus virtudes no se transformen en disfraz, sino en hábitos que definan tu carácter.

778 "Conozco a algunas y a algunos que no tienen fuerzas ni para pedir socorro", me dices disgustado y apenado. —No pases de largo; tu voluntad de salvarte y de salvarles puede ser el punto de partida de su conversión. Además, si recapacitas, advertirás que también a ti te tendieron la mano.

779 La gente blandengue, la que se queja de mil pequeñeces ridículas, es la que no sabe sacrificarse en esas minucias diarias por Jesús..., y mucho menos por los demás.

¡Qué vergüenza si tu comportamiento —¡tan duro, tan exigente con los otros!— adolece de esa blandenguería en tu quehacer cotidiano!

780 Sufres mucho, porque ves que no estás a la altura. Quisieras hacer más y con mayor eficacia, pero a menudo actúas totalmente atolondrado, o no te atreves.

«Contra spem, in spem!» —vive de esperanza segura, contra toda esperanza. Apóyate en esta roca firme que te salvará y empujará. Es una virtud teologal, ¡estupenda!, que te animará a adelantar, sin temor a pasarte de la raya, y te impedirá detenerte.

—¡No me mires así!: ¡sí!, cultivar la esperanza significa robustecer la voluntad.

781 Cuando tu voluntad flaquee ante el trabajo habitual, recuerda una vez más aquella consideración: "el estudio, el trabajo, es parte esencial de mi camino. El descrédito profesional —consecuencia de la pereza— anularía o haría imposible mi labor de cristiano. Necesito —así lo quiere Dios— el ascendiente del prestigio profesional, para atraer y ayudar a los demás".

—No lo dudes: si abandonas tu tarea, ¡te apartas —y apartas a otros— de los planes divinos!

782 Te asustaba el camino de los hijos de Dios porque, en nombre del Señor, te urgían a cumplir, a negarte, a salir de tu torre de marfil. Te excusaste..., y te confieso que no me extraña nada esa carga, que te pesa: un conjunto de complejos y retorcimientos, de melindres y escrúpulos, que te deja inútil.

No te enfades si te digo que te has portado con menos entereza —como si fueras peor o inferior— que la gente depravada, pregonera audaz del mal.

«Surge et ambula!» —levántate y camina, ¡decídete!, ¡todavía puedes liberarte de ese fardo nefasto si, con la gracia de Dios, oyes lo que Él pide y, sobre todo, si le secundas plenamente y de buen grado!

783 Es bueno que te coman el alma esas impaciencias. —Pero no tengas prisas; Dios quiere y cuenta con tu decisión de prepararte seriamente, durante los años o meses necesarios. —No le faltaba razón a aquel emperador: "el tiempo y yo contra otros dos".

784 Así resumía la celotipia o la envidia un hombre recto: "muy mala voluntad deben de tener, para enturbiar un agua tan clara".

785 ¿Que si has de mantenerte silencioso e inactivo?... —Ante la agresión injusta a la ley justa, ¡no!

786 Cada día te vas "chiflando" más... —Se nota en esa seguridad y en ese aplomo formidable, que te da el saberte trabajando por Cristo.

—Ya lo ha proclamado la Escritura Santa: «vir fidelis, multum laudabitur» —el varón fiel, de todos merece alabanzas.

787 Nunca te habías sentido más absolutamente libre que ahora, que tu libertad está tejida de amor y de desprendimiento, de seguridad y de inseguridad: porque nada fías de ti y todo de Dios.

788 ¿Has visto cómo se represan las aguas en los embalses, para los tiempos de sequía?... Del mismo modo, para lograr esa igualdad de carácter que necesitas en el tiempo de dificultad, has de represar la alegría, las razones claras y las luces que el Señor te manda.

789 Al extinguirse las llamaradas del primer entusiasmo, el avance a oscuras se torna penoso. —Pero ese progreso, que cuesta, es el más firme. Y luego, cuando menos lo esperes, cesará la oscuridad y volverán el entusiasmo y el fuego. ¡Persevera!

790 Dios nos quiere a sus hijos como fuerzas de ofensiva. —No podemos quedarnos a la expectativa: lo nuestro es luchar, allá donde nos encontremos, como un ejército en orden de batalla.

791 No se trata de realizar tus obligaciones apresuradamente, sino de llevarlas a término sin pausa, al paso de Dios.

792 No te falta el trato agradable de conversador inteligente... Pero también eres muy apático. —"Si no me buscan...", te excusas.

—Si no cambias —puntualizo— y no vas al encuentro de quienes te esperan, nunca podrás ser un apóstol eficaz.

793 Tres puntos importantísimos para arrastrar las almas al Señor: que te olvides de ti, y pienses sólo en la gloria de tu Padre Dios; que sometas filialmente tu voluntad a la Voluntad del Cielo, como te enseñó Jesucristo; que secundes dócilmente las luces del Espíritu Santo.

794 Tres días con sus noches busca María al Hijo que se ha perdido. Ojalá podamos decir tú y yo que nuestra voluntad de encontrar a Jesús tampoco conoce descanso.

CORAZÓN

795 Lo que se necesita para conseguir la felicidad, no es una vida cómoda, sino un corazón enamorado.

796 Después de veinte siglos, hemos de pregonar con seguridad plena que el espíritu de Cristo no ha perdido su fuerza redentora, la única que sacia los anhelos del corazón humano. —Comienza por meter esa verdad en el tuyo, que estará en perpetua inquietud —como escribió San Agustín— mientras no lo pongas enteramente en Dios.

797 Amar es... no albergar más que un solo pensamiento, vivir para la persona amada, no pertenecerse, estar sometido venturosa y libremente, con el alma y el corazón, a una voluntad ajena... y a la vez propia.

798 Todavía no quieres al Señor como el avaro sus riquezas, como una madre a su hijo..., ¡todavía te preocupas demasiado de ti mismo y de pequeñeces tuyas! Sin embargo, notas que Jesús ya se ha hecho indispensable en tu vida...

—Pues, en cuanto correspondas por completo a su llamada, te será también indispensable en cada uno de tus actos.

799 ¡Grítaselo fuerte, que ese grito es chifladura de enamorado!: Señor, aunque te amo..., ¡no te fíes de mí! ¡Atame a Ti, cada día más!

800 No lo dudes: el corazón ha sido creado para amar. Metamos, pues, a Nuestro Señor Jesucristo en todos los amores nuestros. Si no, el corazón vacío se venga, y se llena de las bajezas más despreciables.

801 No existe corazón más humano que el de una criatura que rebosa sentido sobrenatural. Piensa en Santa María, la llena de gracia, Hija de

Dios Padre, Madre de Dios Hijo, Esposa de Dios Espíritu Santo: en su Corazón cabe la humanidad entera sin diferencias ni discriminaciones. —Cada uno es su hijo, su hija.

802 Las personas, cuando tienen el corazón muy pequeño, parece que guardan sus afanes en un cajón pobre y apartado.

803 Has de conducirte cada día, al tratar a quienes te rodean, con mucha comprensión, con mucho cariño, junto —claro está— con toda la energía necesaria: si no, la comprensión y el cariño se convierten en complicidad y en egoísmo.

804 Decía —sin humildad de garabato— aquel amigo nuestro: "no he necesitado aprender a perdonar, porque el Señor me ha enseñado a querer".

805 Perdonar. ¡Perdonar con toda el alma y sin resquicio de rencor! Actitud siempre grande y fecunda.

—Ese fue el gesto de Cristo al ser enclavado en la cruz: "Padre, perdónales, porque no saben lo que hacen", y de ahí vino tu salvación y la mía.

806 Pena grande te produjo el comentario, bien poco cristiano, de aquella persona: "perdona a tus enemigos —te decía—: ¡no imaginas la rabia que les da!"

—No te pudiste contener, y replicaste con paz: "no quiero baratear el amor con la humillación del prójimo. Perdono, porque amo, con hambre de imitar al Maestro".

807 Evita con delicadeza todo lo que pueda herir el corazón de los demás.

808 ¿Por qué, entre diez maneras de decir que "no", has de escoger siempre la más antipática? —La virtud no desea herir.

809 Mira: tenemos que amar a Dios no sólo con nuestro corazón, sino con el "Suyo", y con el de toda la humanidad de todos los tiempos...: si no, nos quedaremos cortos para corresponder a su Amor.

810 Me duele que, quienes se han entregado a Dios, presenten la imagen o den pie a que se les tome por solterones: ¡si tienen el Amor por antonomasia! —Solterones serán, si no saben amar a Quien tanto ama.

811 Alguno ha comparado el corazón a un molino, que se mueve por el viento del amor, de la pasión...

Efectivamente, ese "molino" puede moler trigo, cebada, estiércol... —¡Depende de nosotros!

812 El demonio —padre de la mentira y víctima de su soberbia— intenta remedar al Señor hasta en el modo de hacer prosélitos. ¿Te has fijado?: lo mismo que Dios se vale de los hombres para salvar almas y llevarlas a la santidad, satanás se sirve de otras personas, para entorpecer esa labor y aun para perderlas. Y —no te asustes— de la misma manera que Jesús busca, como instrumentos, a los más próximos —parientes, amigos, colegas, etc.—, el demonio también intenta, con frecuencia, mover a esos seres más queridos, para inducir al mal.

Por eso, si los lazos de la sangre se convierten en ataduras, que te impiden seguir los caminos de Dios, córtalos con decisión. Y quizá tu determinación desate también a quienes estaban enredados en las mallas de Lucifer.

813 ¡Gracias, Jesús mío!, porque has querido hacerte perfecto Hombre, con un Corazón amante y amabilísimo, que ama hasta la muerte y sufre; que se llena de gozo y de dolor; que se entusiasma con los caminos de los hombres, y nos muestra el que lleva al Cielo; que se sujeta heroicamente al deber, y se conduce por la misericordia; que vela por los pobres y por los ricos; que cuida de los pecadores y de los justos...

—¡Gracias, Jesús mío, y danos un corazón a la medida del Tuyo!

814 Pide a Jesús que te conceda un Amor como hoguera de purificación, donde tu pobre carne —tu pobre corazón— se consuma, limpiándose de todas las miserias terrenas... Y, vacío de ti mismo, se colme de El. Pídele que te conceda una radical aversión a lo mundano: que sólo te sostenga el Amor.

815 Has visto muy clara tu vocación —querer a Dios—, pero sólo con la cabeza. Me aseguras que has metido el corazón en el camino..., pero a veces te distraes, e incluso intentas volver la mirada atrás: señal de que no lo has metido del todo. —¡Afina!

816 "He venido —así se expresa el Maestro— a enfrentar al hombre contra su padre, a la hija contra su madre y a la nuera contra su suegra..."

Cumpliendo lo que El te exige, demostrarás que los amas verdaderamente. Por eso, no te escudes en el cariño que les tienes —total debe ser—, a la hora de tu sacrificio personal. Si no, créeme, antepones, al amor de Dios, el de tus padres; y, al de tus padres, tu amor propio.

—¿Has entendido ahora, con más profundidad, la congruencia de las palabras evangélicas?

817 ¡El corazón! De vez en cuando, sin poder evitarlo, se proyecta una sombra de luz humana, un recuerdo torpe, triste, "pueblerino"...

—Acude enseguida al Sagrario, física o espiritualmente: y tornarás a la luz, a la alegría, a la Vida.

818 La frecuencia con que visitamos al Señor está en función de dos factores: fe y corazón; ver la verdad y amarla.

819 El Amor se robustece también con negación y mortificación.

820 Si tuvieras un corazón grande y algo más de sinceridad, no te detendrías a mortificar, ni te sentirías mortificado..., por detallitos.

821 Si te enfadas —en ocasiones es un deber; en otras, una flaqueza—, que dure sólo pocos minutos. Y además, siempre con caridad: ¡cariño!

822 ¿Reprender?... Muchas veces es necesario. Pero enseñando a corregir el defecto. Nunca, por un desahogo de tu mal carácter.

823 Cuando hay que corregir, se ha de actuar con claridad y amabilidad; sin excluir una sonrisa en los labios, si procede. Nunca —o muy rara vez—, por la tremenda.

824 ¿Te sientes depositario del bien y de la verdad absoluta y, por tanto, investido de un título personal o de un derecho a desarraigar el mal a toda costa?
    —Por ese camino no arreglarás nada: ¡sólo por Amor y con amor!, recordando que el Amor te ha perdonado y te perdona tanto.

825 Ama a los buenos, porque aman a Cristo...
—Y ama también a los que no le aman, porque tienen esa desgracia..., y especialmente porque Él ama a unos y a otros.

826 La gente de aquella tierra —tan apartada de Dios, tan desorientada— te ha recordado las palabras del Maestro: "andan como ovejas sin pastor".

—Y has sentido que a ti también se te llenan las entrañas de compasión...: decídete, desde el lugar que ocupas, a dar la vida en holocausto por todos.

827 Los pobres —decía aquel amigo nuestro— son mi mejor libro espiritual y el motivo principal para mis oraciones. Me duelen ellos, y Cristo me duele con ellos. Y, porque me duele, comprendo que le amo y que les amo.

828 Poniendo el amor de Dios en medio de la amistad, este afecto se depura, se engrandece, se espiritualiza; porque se queman las escorias, los puntos de vista egoístas, las consideraciones excesivamente carnales. No lo olvides: el amor de Dios ordena mejor nuestros afectos, los hace más puros, sin disminuirlos.

829 Esta situación te quema: ¡se te ha acercado Cristo, cuando no eras más que un miserable leproso! Hasta entonces, sólo cultivabas una cuali-

dad buena: un generoso interés por los demás.
Después de ese encuentro, alcanzaste la gracia de
ver a Jesús en ellos, te enamoraste de El y ahora
le amas en ellos..., y te parece muy poco —¡tienes razón!— el altruismo que antes te empujaba a
prestar unos servicios al prójimo.

830 Acostúmbrate a poner tu pobre corazón en
el Dulce e Inmaculado Corazón de María, para
que te lo purifique de tanta escoria, y te lleve al
Corazón Sacratísimo y Misericordioso de Jesús.

PUREZA

831 La castidad —la de cada uno en su estado: soltero, casado, viudo, sacerdote— es una triunfante afirmación del amor.

832 El "milagro" de la pureza tiene como puntos de apoyo la oración y la mortificación.

833 Más peligrosa se demuestra la tentación contra la castidad, cuanto más disimulada viene: por presentarse insidiosamente, engaña mejor.

—¡No transijas, ni siquiera con la excusa de no "parecer raro"!

834 La santa pureza: ¡humildad de la carne! Señor —le pedías—, siete cerrojos para mi corazón. Y te aconsejé que le pidieses siete cerrojos para tu corazón y, también, ochenta años de gravedad para tu juventud...

Además, vigila..., porque antes se apaga una centella que un incendio; huye..., porque aquí es una vil cobardía ser "valiente"; no andes con los ojos desparramados..., porque eso no indica ánimo despierto, sino insidia de satanás.

Pero toda esta diligencia humana, con la mortificación, el cilicio, la disciplina y el ayuno, ¡qué poco valen sin Ti, Dios mío!

835 Así mató aquel confesor la concupiscencia de un alma delicada, que se acusó de ciertas curiosidades: —"¡Bah!: instintos de machos y de hembras".

836 En cuanto se admite voluntariamente ese diálogo, la tentación quita la paz del alma, del mismo modo que la impureza consentida destruye la gracia.

837 Ha seguido el camino de la impureza, con todo su cuerpo..., y con toda su alma. —Su fe se ha ido desdibujando..., aunque bien le consta que no es problema de fe.

838 "Usted me dijo que se puede llegar a ser «otro» San Agustín, después de mi pasado. No lo dudo, y hoy más que ayer quiero tratar de comprobarlo".

Pero has de cortar valientemente y de raíz, como el santo obispo de Hipona.

839 Sí, pide perdón contrito, y haz abundante penitencia por los sucesos impuros de tu vida pasada, pero no quieras recordarlos.

840 Esa conversación... sucia, ¡de cloaca!

—No basta con que no la secundes: ¡manifiesta reciamente tu repugnancia!

841 Parece como si el "espíritu" se fuera reduciendo, empequeñeciendo, hasta quedar en un puntito... Y el cuerpo se agranda, se agiganta, hasta dominar. —Para ti escribió San Pablo: "castigo mi cuerpo y lo esclavizo, no sea que, habiendo predicado a otros, venga yo a ser reprobado".

842 ¡Qué pena dan los que afirman —por su personal experiencia triste— que no se puede ser casto, viviendo y trabajando en medio del mundo!

—Con ese ilógico razonamiento, no deberían molestarse si otros ofenden la memoria de sus padres, de sus hermanos, de su mujer, de su marido.

843 Aquel confesor, un poco rudo, pero experimentado, contuvo los desvaríos de un alma y los redujo al orden, con esta afirmación: "andas ahora por caminos de vacas; luego, ya te conformarás con ir por los de cabras; y luego..., siempre como un animal, que no sabe mirar al cielo".

844 Tú serás... eso, lo que eres: un animalito.

—Pero me has de reconocer que otros son enterizos y castos. ¡Ah!, y no te irrites luego, cuando no cuenten contigo o cuando te ignoren: ellos y ellas organizan sus planes humanos con personas que tienen alma y cuerpo..., no con animales.

845 Hay quien trae hijos al mundo para su industria, para su servicio, para su egoísmo... Y no se acuerdan de que son un don maravilloso del Señor, del que tendrán que dar especialísima cuenta.

Traer hijos, sólo para continuar la especie, también lo saben hacer —no te me enfades— los animales.

846 Un matrimonio cristiano no puede desear cegar las fuentes de la vida. Porque su amor se funda en el Amor de Cristo, que es entrega y sacrificio... Además, como recordaba Tobías a Sara, los esposos saben que "nosotros somos hijos de santos, y no podemos juntarnos a manera de los gentiles, que no conocen a Dios".

847 Cuando éramos pequeños, nos pegábamos a nuestra madre, al pasar por caminos oscuros o por donde había perros.

Ahora, al sentir las tentaciones de la carne, debemos juntarnos estrechamente a Nuestra Madre del Cielo, por medio de su presencia bien cercana y por medio de las jaculatorias.

—Ella nos defenderá y nos llevará a la luz.

848 Ni son más hombres, ni son más mujeres, por llevar esa vida desordenada.

Se ve que, quienes así razonan, ponen su ideal de persona en las meretrices, en los invertidos, en los degenerados..., en los que tienen el corazón podrido y no podrán entrar en el Reino de los Cielos.

849 Permíteme un consejo, para que lo pongas en práctica a diario. Cuando el corazón te haga notar sus bajas tendencias, reza despacio a la Virgen Inmaculada: ¡mírame con compasión, no me dejes, Madre mía! —Y aconséjalo a otros.

PAZ

850 Fomenta, en tu alma y en tu corazón —en tu inteligencia y en tu querer—, el espíritu de confianza y de abandono en la amorosa Voluntad del Padre celestial... —De ahí nace la paz interior que ansías.

851 ¿Cómo vas a tener paz, si te dejas arrastrar —contra los "tirones" de la gracia— por esas pasiones, que ni siquiera intentas dominar?

El cielo empuja para arriba; tú —¡sólo tú: no busques excusas!—, para abajo... —Y de este modo te desgarras.

852 Tanto la paz, como la guerra, están dentro de nosotros.

No se puede llegar al triunfo, a la paz, si faltan la lealtad y la decisión de vencer en el combate.

853 Un remedio contra esas inquietudes tuyas: tener paciencia, rectitud de intención, y mirar las cosas con perspectiva sobrenatural.

854 Aleja enseguida de ti —¡si Dios está contigo!— el temor y la perturbación de espíritu...: evita de raíz esas reacciones, pues sólo sirven para multiplicar las tentaciones y acrecentar el peligro.

855 Aunque todo se hunda y se acabe, aunque los acontecimientos sucedan al revés de lo previsto, con tremenda adversidad, nada se gana turbándose. Además, recuerda la oración confiada del profeta: "el Señor es nuestro Juez, el Señor es nuestro Legislador, el Señor es nuestro Rey; El es quien nos ha de salvar".

—Rézala devotamente, a diario, para acomodar tu conducta a los designios de la Providencia, que nos gobierna para nuestro bien.

856 Si —por tener fija la mirada en Dios— sabes mantenerte sereno ante las preocupaciones, si aprendes a olvidar las pequeñeces, los rencores y las envidias, te ahorrarás la pérdida de muchas energías, que te hacen falta para trabajar con eficacia, en servicio de los hombres.

857 Aquel amigo nos confiaba sinceramente que jamás se había aburrido, porque nunca se había encontrado solo, sin nuestro Amigo.

—Caía la tarde, con un silencio denso... Notaste muy viva la presencia de Dios... Y, con esa realidad, ¡qué paz!

858 Un saludo vibrante de un hermano te recordó, en aquel ambiente viajero, que los caminos honestos del mundo están abiertos para Cristo: únicamente falta que nos lancemos a recorrerlos, con espíritu de conquista.

Sí, Dios ha creado el mundo para sus hijos, para que lo habiten y lo santifiquen: ¿a qué esperas?

859 Eres extraordinariamente feliz. A veces, cuando te das cuenta de que un hijo de Dios le abandona, sientes —en medio de tu paz y de tu

gozo íntimos— un dolor de cariño, una amargura, que ni turba ni inquieta.

—Bien, pero... ¡a poner todos los medios humanos y sobrenaturales para que reaccione..., y a confiar con certidumbre en Jesucristo! Así, las aguas vuelven siempre a su cauce.

860 Cuando te abandones de verdad en el Señor, aprenderás a contentarte con lo que venga, y a no perder la serenidad, si las tareas —a pesar de haber puesto todo tu empeño y los medios oportunos— no salen a tu gusto... Porque habrán "salido" como le conviene a Dios que salgan.

861 Sigues teniendo despistes y faltas, ¡y te duelen! A la vez, caminas con una alegría que parece que te va a hacer estallar.

Por eso, porque te duelen —dolor de amor—, tus fracasos ya no te quitan la paz.

862 Cuando se está a oscuras, cegada e inquieta el alma, hemos de acudir, como Bartimeo, a la Luz. Repite, grita, insiste con más fuerza, «Domine, ut videam!» —¡Señor, que vea!... Y se hará el día para tus ojos, y podrás gozar con la luminaria que El te concederá.

863 Lucha contra las asperezas de tu carácter, contra tus egoísmos, contra tu comodidad, contra tus antipatías... Además de que hemos de ser co-rredentores, el premio que recibirás —piénsalo bien— guardará relación directísima con la siembra que hayas hecho.

864 Tarea del cristiano: ahogar el mal en abundancia de bien. No se trata de campañas negativas, ni de ser antinada. Al contrario: vivir de afirmación, llenos de optimismo, con juventud, alegría y paz; ver con comprensión a todos: a los que siguen a Cristo y a los que le abandonan o no le conocen.
—Pero comprensión no significa abstencionismo, ni indiferencia, sino actividad.

865 Por caridad cristiana y por elegancia humana, debes esforzarte en no crear un abismo con nadie..., en dejar siempre una salida al prójimo, para que no se aleje aún más de la Verdad.

866 La violencia no es buen sistema para convencer..., y mucho menos en el apostolado.

867 El violento pierde siempre, aunque gane la primera batalla..., porque acaba rodeado de la soledad de su incomprensión.

868 La táctica del tirano es conseguir que riñan entre sí los que, unidos, podrían hacerle caer. —Vieja artimaña usada por el enemigo —por el diablo y por sus corifeos—, para desbaratar muchos planes apostólicos.

869 Esos..., que ven contrincantes donde sólo hay hermanos, niegan con sus obras su profesión de cristianos.

870 Con la polémica agresiva, que humilla, raramente se resuelve una cuestión. Y, desde luego, nunca se alcanza esclarecimiento cuando, entre los que disputan, hay un fanático.

871 No me explico tu enfado, ni tu desencanto. Te han correspondido con tu misma moneda: el deleite en las injurias, a través de la palabra y de las obras.

Aprovecha la lección y, en adelante, no me olvides que también tienen corazón los que contigo conviven.

872 Para que no me perdieras la paz, en aquellos tiempos de dura e injusta contradicción, te recordé: "si nos abren la cabeza, no le daremos mayor importancia: será que debemos llevarla abierta".

873 Paradoja: desde que me decidí a seguir el consejo del Salmo: "arroja sobre el Señor tus preocupaciones, y El te sostendrá", cada día tengo menos preocupaciones en la cabeza... Y a la vez, con el trabajo oportuno, se resuelve todo, ¡con más claridad!

874 Santa María es —así la invoca la Iglesia— la Reina de la paz. Por eso, cuando se alborota tu alma, el ambiente familiar o el profesional, la convivencia en la sociedad o entre los pueblos, no ceses de aclamarla con ese título: «Regina pacis, ora pro nobis!» —Reina de la paz, ¡ruega por nosotros! ¿Has probado, al menos, cuando pierdes la tranquilidad?... —Te sorprenderás de su inmediata eficacia.

MÁS ALLÁ

875 El verdadero cristiano está siempre dispuesto a comparecer ante Dios. Porque, en cada instante —si lucha para vivir como hombre de Cristo—, se encuentra preparado para cumplir su deber.

876 Cara a la muerte, ¡sereno! —Así te quiero. —No con el estoicismo frío del pagano; sino con el fervor del hijo de Dios, que sabe que la vida se muda, no se quita. —¿Morir?... ¡Vivir!

877 Doctor en Derecho y en Filosofía, preparaba una oposición a cátedra, en la Universidad de Madrid. Dos carreras brillantes, realizadas con brillantez.

Recibí un aviso suyo: estaba enfermo, y deseaba que fuera a verle. Llegué a la pensión, donde se hospedaba. —"Padre, me muero", fue su saludo. Le animé, con cariño. Quiso hacer confesión general. Aquella noche falleció.

Un arquitecto y un médico me ayudaron a amortajarle. —Y, a la vista de aquel cuerpo joven, que rápidamente comenzó a descomponerse..., coincidimos los tres en que las dos carreras universitarias no valían nada, comparadas con la carrera definitiva que, buen cristiano, acababa de coronar.

878 Todo se arregla, menos la muerte... Y la muerte lo arregla todo.

879 La muerte llegará inexorable. Por lo tanto, ¡qué hueca vanidad centrar la existencia en esta vida! Mira cómo padecen tantas y tantos. A unos, porque se acaba, les duele dejarla; a otros, porque dura, les aburre... No cabe, en ningún caso, el errado sentido de justificar nuestro paso por la tierra como un fin.

Hay que salirse de esa lógica, y anclarse en la otra: en la eterna. Se necesita un cambio total:

un vaciarse de sí mismo, de los motivos egocén-
tricos, que son caducos, para renacer en Cristo,
que es eterno.

880 Cuando pienses en la muerte, a pesar de
tus pecados, no tengas miedo... Porque El ya sabe
que le amas..., y de qué pasta estás hecho.

—Si tú le buscas, te acogerá como el padre
al hijo pródigo: ¡pero has de buscarle!

881 «Non habemus hic manentem civitatem»
—no se halla en esta tierra nuestra morada definitiva. —Y, para que no lo olvidemos, aparece con
crudeza, a veces, esta verdad a la hora de la
muerte: incomprensión, persecución, desprecio...
—Y siempre la soledad, porque —aunque este-
mos rodeados de cariño— cada uno muere solo.

—¡Soltemos ya todas las amarras! Preparé-
monos de continuo para ese paso, que nos llevará
a la presencia eterna de la Trinidad Santísima.

882 El tiempo es nuestro tesoro, el "dinero"
para comprar la eternidad.

883 Te has consolado con la idea de que la vida
es un gastarse, un quemarla en el servicio de

Dios. —Así, gastándonos íntegramente por El, vendrá la liberación de la muerte, que nos traerá la posesión de la Vida.

884 Aquel sacerdote amigo trabajaba pensando en Dios, asido a su mano paterna, y ayudando a que los demás asimilaran estas ideas madres. Por eso, se decía: cuando tú mueras, todo seguirá bien, porque continuará ocupándose El.

885 ¡No me hagas de la muerte una tragedia!, porque no lo es. Sólo a los hijos desamorados no les entusiasma el encuentro con sus padres.

886 Todo lo de aquí abajo es un puñado de ceniza. Piensa en los millones de personas —ya difuntas— "importantes" y "recientes", de quienes no se acuerda nadie.

887 Esta ha sido la gran revolución cristiana: convertir el dolor en sufrimiento fecundo; hacer, de un mal, un bien. Hemos despojado al diablo de esa arma...; y, con ella, conquistamos la eternidad.

888 Tremendo se revelará el juicio para los que, sabiendo perfectamente el camino, y habiéndolo enseñado y exigido a los otros, no lo hayan recorrido ellos mismos.

—Dios los juzgará y los condenará con sus propias palabras.

889 El purgatorio es una misericordia de Dios, para limpiar los defectos de los que desean identificarse con El.

890 Sólo el infierno es castigo del pecado. La muerte y el juicio no son más que consecuencias, que no temen quienes viven en gracia de Dios.

891 Si alguna vez te intranquiliza el pensamiento de nuestra hermana la muerte, porque ¡te ves tan poca cosa!, anímate y considera: ¿qué será ese Cielo que nos espera, cuando toda la hermosura y la grandeza, toda la felicidad y el Amor infinitos de Dios se viertan en el pobre vaso de barro que es la criatura humana, y la sacien eternamente, siempre con la novedad de una dicha nueva?

892 Cuando se choca con la amarga injusticia de esta vida, ¡cómo se goza el alma recta, al pensar en la Justicia eterna de su Dios eterno!

—Y, dentro del conocimiento de sus propias miserias, se le escapa, con eficaces deseos, aquella exclamación paulina: «non vivo ego» —¡no soy yo quien vive ahora!, ¡es Cristo quien vive en mí!: y vivirá eternamente.

893 ¡Qué contento se debe morir, cuando se han vivido heroicamente todos los minutos de la vida! —Te lo puedo asegurar porque he presenciado la alegría de quienes, con serena impaciencia, durante muchos años, se han preparado para ese encuentro.

894 Pide que ninguno de nosotros falle al Señor. —No nos será difícil, si no hacemos el tonto. Porque nuestro Padre Dios ayuda en todo: incluso haciendo temporal este destierro nuestro en el mundo.

895 El pensamiento de la muerte te ayudará a cultivar la virtud de la caridad, porque quizá ese instante concreto de convivencia es el último en que coincides con éste o con aquél...: ellos o tú, o yo, podemos faltar en cualquier momento.

896 Decía un alma ambiciosa de Dios: ¡por fortuna, los hombres no somos eternos!

897 Me hizo meditar aquella noticia: cincuenta y un millones de personas fallecen al año; noventa y siete al minuto. El pescador —ya lo dijo el Maestro— echa sus redes al mar, el Reino del Cielo es semejante a una red barredera..., y de ahí serán escogidos los buenos; los malos, los que no reúnen condiciones, ¡desechados para siempre! Cincuenta y un millones mueren al año, noventa y siete al minuto: díselo también a otros.

898 En cuerpo y alma ha subido a los Cielos nuestra Madre. Repítele que, como hijos, no queremos separarnos de Ella... ¡Te escuchará!

LA LENGUA

899 Don de lenguas, saber transmitir la ciencia de Dios: recurso imprescindible para quien ha de ser apóstol. —Por eso, todos los días pido a Dios Nuestro Señor que lo conceda a cada una y a cada uno de sus hijos.

900 Aprende a decir que no, sin herir innecesariamente, sin recurrir al rechazo tajante, que rasga la caridad.

—¡Recuerda que estás siempre delante de Dios!

901 ¿Te molesta que insista, del mismo modo, en las mismas cosas esenciales?, ¿que no tenga en cuenta esas corrientes en boga? —Mira; de igual manera se ha definido en los siglos la línea recta, porque es la más clara y breve. Otra definición resultaría más oscura y complicada.

902 Acostúmbrate a hablar cordialmente de todo y de todos; en particular, de cuantos trabajan en el servicio de Dios.

Y cuando no sea posible, ¡calla!: también los comentarios bruscos o desenfadados pueden rayar en la murmuración o en la difamación.

903 Decía un muchachote que acababa de entregarse más íntimamente a Dios: "ahora lo que me hace falta es hablar menos, visitar enfermos y dormir en el suelo".

—Aplícate el cuento.

904 ¡De los sacerdotes de Cristo no se ha de hablar más que para alabarles!

—Deseo con toda mi alma que mis hermanos y yo lo tengamos muy en cuenta, para nuestra conducta diaria.

905 La mentira tiene muchas facetas: reticencia, cabildeo, murmuración... —Pero es siempre arma de cobardes.

906 ¡No hay derecho a que te dejes impresionar por la primera o por la última conversación!

Escucha con respeto, con interés; da crédito a las personas..., pero tamiza tu juicio en la presencia de Dios.

907 Murmuran. Y luego ellos mismos se encargan de que alguno venga enseguida a contarte el "se dice"... —¿Villanía? —Sin duda. Pero no me pierdas la paz, ya que ningún daño podrá hacerte su lengua, si trabajas con rectitud... —Piensa: ¡qué bobos son, qué poco tacto humano tienen, qué falta de lealtad con sus hermanos..., y especialmente con Dios!

Y no me caigas tú en la murmuración, por un mal entendido derecho de réplica. Si has de hablar, sírvete de la corrección fraterna, como aconseja el Evangelio.

908 No te preocupen esas contradicciones, esas habladurías: ciertamente trabajamos en una labor divina, pero somos hombres... Y resulta lógico que, al andar, levantemos el polvo del camino.

Eso que te molesta, que te hiere..., aprovéchalo para tu purificación y, si es preciso, para rectificar.

909 Murmurar, dicen, es muy humano. —He replicado: nosotros hemos de vivir a lo divino.

La palabra malvada o ligera de un solo hombre puede formar una opinión, y aun poner de moda que se hable mal de alguien... Luego, esa murmuración sube de abajo, llega a la altura, y quizá se condensa en negras nubes.

—Pero, cuando el hostigado es un alma de Dios, las nubes se resuelven en lluvia fecunda, suceda lo que suceda; y el Señor se encarga de ensalzar, en lo que pretendían humillarle o difamarle.

910 No querías creerlo, pero has tenido que rendirte a la evidencia, a costa tuya: aquellas afirmaciones que pronunciaste sencillamente y con sano sentido católico, las han retorcido con malicia los enemigos de la fe.

Es verdad, "hemos de ser cándidos como las palomas..., y prudentes como las serpientes". No hables a destiempo ni fuera de lugar.

911 Porque no sabes —o no quieres— imitar la conducta noble de aquel hombre, tu secreta envidia te empuja a ridiculizarle.

912 La maledicencia es hija de la envidia; y la envidia, el refugio de los infecundos.

Por eso, ante la esterilidad, examina tu punto de mira: si trabajas y no te molesta que otros también trabajen y consigan frutos, esa esterilidad es sólo aparente: ya recogerás la cosecha a su tiempo.

913 Hay algunos que, cuando no causan daño o no mortifican a los demás, parecen considerarse desocupados.

914 A veces, pienso que los murmuradores son como pequeños endemoniados... —Porque el demonio se insinúa siempre con su espíritu maligno de crítica a Dios, o a los seguidores de Dios.

915 "¡Pollinerías!", comentas despreciativo.

—¿Las conoces? ¿No? —Entonces, ¿cómo hablas de lo que no sabes?

916 Responde a ese murmurador: ya se lo contaré o hablaré con el interesado.

917 Ha escrito un autor contemporáneo: "el chismorreo es siempre inhumano; revela una valía personal mediocre; es un signo de ineducación; demuestra falta de sentimiento distinguido; es indigno del cristiano".

918 Evita siempre la queja, la crítica, las murmuraciones...: evita a rajatabla todo lo que pueda introducir discordia entre hermanos.

919 Tú, que estás constituido en muy alta autoridad, serías imprudente si interpretases el silencio de los que escuchan como signo de aquiescencia: piensa que no les dejas que te expongan sus sugerencias, y que te sientes ofendido si llegan a comunicártelas. —Has de corregirte.

920 Esta ha de ser tu actitud ante la difamación. Primero, perdonar: a todos, desde el primer instante y de corazón. —Después, querer: que no se te escape ni una falta de caridad: ¡responde siempre con amor!

—Pero, si se ataca a tu Madre, a la Iglesia, defiéndela valientemente; con calma, pero con firmeza y con entereza llena de reciedumbre, impide que manchen, o que estorben, el camino por donde han de ir las almas, que quieren perdonar y responder con caridad, cuando sufren injurias personales.

921 El pueblo más pequeño —comentaba uno, cansado de murmuraciones— debería ser como la capital.

—No sabía, pobre, que es lo mismo.

—Tú, por amor a Dios y al prójimo, no caigas en un defecto tan pueblerino..., y tan poco cristiano. —De los primeros seguidores de Cristo se afirmaba: ¡mirad cómo se quieren! ¿Cabe decir lo mismo de ti, de mí, a toda hora?

922 Las críticas contra las obras de apostolado suelen ser de dos estilos: unos presentan la labor como una estructura complicadísima...; otros la tildan de faena cómoda y fácil.

En el fondo, esa "objetividad" se reduce a miras estrechas, con una buena dosis de charlatana gandulería. —Pregúntales sin enfado: ¿vosotros, qué hacéis?

923 Para los mandatos de tu fe, quizá no puedes pedir simpatía, pero has de exigir respeto.

924 Quienes te han hablado mal de ese amigo leal a Dios, son los mismos que murmurarán de ti, cuando te decidas a portarte mejor.

925 Determinados comentarios solamente pueden herir a los que se sienten tocados. Por eso, cuando se camina —cabeza y corazón— tras el Señor, las críticas se acogen como purificación, y sirven de acicate para avivar el paso.

926 La Trinidad Beatísima ha coronado a nuestra Madre.

—Dios Padre, Dios Hijo, Dios Espíritu Santo, nos pedirá cuenta de toda palabra ociosa. Otro motivo para que digamos a Santa María que nos enseñe a hablar siempre en la presencia del Señor.

PROPAGANDA

927 Convéncete: tu apostolado consiste en difundir bondad, luz, entusiasmo, generosidad, espíritu de sacrificio, constancia en el trabajo, profundidad en el estudio, amplitud en la entrega, estar al día, obediencia absoluta y alegre a la Iglesia, caridad perfecta...

—Nadie da lo que no tiene.

928 Para ti, todavía joven y que acabas de emprender el camino, este consejo: como Dios se lo merece todo, procura destacar profesionalmente, para que puedas después propagar tus ideas con mayor eficacia.

929 No lo olvides: tanto mejor convencemos cuanto más convencidos estamos.

930 "No se enciende la luz para ponerla debajo de un celemín, sino sobre un candelero, a fin de que alumbre a todos los de la casa; brille así vuestra luz ante los hombres, de manera que vean vuestras buenas obras y glorifiquen a vuestro Padre que está en los cielos".

Y, al final de su paso por la tierra, manda: «euntes docete» —id y enseñad. Quiere que su luz brille en la conducta y en las palabras de sus discípulos, en las tuyas también.

931 Resulta chocante la frecuencia con que, ¡en nombre de la libertad!, tantos tienen miedo —¡y se oponen!— a que los católicos sean sencillamente buenos católicos.

932 Guárdate de los propagadores de calumnias e insinuaciones, que unos recogen por ligereza y otros por mala fe, destruyendo la serenidad del ambiente y envenenando la opinión pública.

En ocasiones, la verdadera caridad pide que se denuncien esos atropellos y a sus promotores. Si no, con su conciencia desviada o poco for-

mada, ellos y quienes les oyen pueden razonar:
callan, luego otorgan.

933 Vociferan los sectarios contra lo que llaman "nuestro fanatismo", porque los siglos pasan
y la Fe católica permanece inmutable.

En cambio, el fanatismo de los sectarios
—porque no guarda relación con la verdad— cambia en cada tiempo de vestidura, alzando contra la
Santa Iglesia el espantajo de meras palabras, vacías de contenido por sus hechos: "libertad", que
encadena; "progreso", que devuelve a la selva;
"ciencia", que esconde ignorancia... Siempre un
pabellón que encubre vieja mercancía averiada.

¡Ojalá se haga cada día más fuerte "tu fanatismo" por la Fe, única defensa de la única Verdad!

934 No te asustes ni te asombres, ante la cerra-
zón de algunos. Nunca dejará de haber fatuos que
esgriman, con alardes de cultura, el arma de su ignorancia.

935 ¡Qué pena comprobar cómo marchan unidos, por distintas pasiones —pero unidos contra
los cristianos, hijos de Dios—, los que odian al Señor y algunos que afirman que están a su servicio!

936 En ciertos ambientes, sobre todo en los de la esfera intelectual, se aprecia y se palpa como una consigna de sectas, servida a veces hasta por católicos, que —con cínica perseverancia— mantiene y propaga la calumnia, para echar sombras sobre la Iglesia, o sobre personas y entidades, contra toda verdad y toda lógica.

Reza a diario, con fe: «ut inimicos Sanctae Ecclesiae —enemigos, porque así se proclaman ellos— humiliare digneris, te rogamus audi nos!» Confunde, Señor, a los que te persiguen, con la claridad de tu luz, que estamos decididos a propagar.

937 ¿Que es vieja esa idea del catolicismo, y por tanto inaceptable?... —Más antiguo es el sol, y no ha perdido su luz; más arcaica el agua, y aún quita la sed y refresca.

938 No se puede tolerar que nadie, ni aun con buen fin, falsee la historia o la vida. —Pero supone una gran equivocación levantar un pedestal a los enemigos de la Iglesia, que han gastado sus días en esa persecución. Convéncete: la verdad histórica no padece, porque un cristiano no colabore a construir un pedestal, que no debe existir: ¿desde cuándo el odio se ha colocado como modelo?

939 La propaganda cristiana no necesita provocar antagonismos, ni maltratar a los que no conocen nuestra doctrina. Si se procede con caridad —«caritas omnia suffert!» —el amor lo soporta todo—, quien era contrario, defraudado de su error, sincera y delicadamente puede acabar comprometiéndose. —Sin embargo, no caben cesiones en el dogma, en nombre de una ingenua "amplitud de criterio", porque, quien así actuara, se expondría a quedarse fuera de la Iglesia: y, en lugar de lograr el bien para otros, se haría daño a sí mismo.

940 El cristianismo es "insólito", no se acomoda a las cosas de este mundo. Y ése es quizá su "mayor inconveniente", y la bandera de los mundanos.

941 Algunos no saben nada de Dios..., porque no les han hablado en términos comprensibles.

942 Donde no te llegue la inteligencia, pide que te alcance la santa pillería, para servir más y mejor a todos.

943 Créeme, el apostolado, la catequesis, de ordinario, ha de ser capilar: uno a uno. Cada creyente con su compañero inmediato.

A los hijos de Dios nos importan todas las almas, porque nos importa cada alma.

944 Ampárate en la Virgen, Madre del Buen Consejo, para que de tu boca no salgan jamás ofensas a Dios.

RESPONSABILIDAD

945 Si los cristianos viviéramos de veras conforme a nuestra fe, se produciría la más grande revolución de todos los tiempos... ¡La eficacia de la corredención depende también de cada uno de nosotros! —Medítalo.

946 Te sentirás plenamente responsable cuando comprendas que, cara a Dios, sólo tienes deberes. ¡Ya se encarga El de concederte derechos!

947 ¡Ojalá te acostumbres a ocuparte a diario de los demás, con tanta entrega, que te olvides de que existes!

948 Un pensamiento que te ayudará, en los momentos difíciles: cuanto más aumente mi fidelidad, mejor contribuiré a que otros crezcan en esta virtud. —¡Y resulta tan atrayente sentirnos sostenidos unos por otros!

949 No me seas "teórico": han de ser nuestras vidas, cada jornada, las que conviertan esos ideales grandiosos en una realidad cotidiana, heroica y fecunda.

950 Efectivamente, lo viejo merece respeto y agradecimiento. Aprender, sí. Tener en cuenta esas experiencias, también. Pero no exageremos: cada cosa a su tiempo. ¿Acaso nos vestimos con chupa y calzón, y cubrimos nuestras cabezas con una peluca empolvada?

951 No te enfades: muchas veces un comportamiento irresponsable denota falta de cabeza o de formación, más que carencia de buen espíritu.

Necesario será exigir a los maestros, a los directores, que colmen esas lagunas con su cumplimiento responsable del deber.

—Necesario será que te examines..., si ocupas tú uno de esos puestos.

952 Corres el gran peligro de conformarte con vivir —o de pensar en que debes vivir— como un "niño bueno", que se aloja en una casa ordenada, sin problemas, y que no conoce más que la felicidad.

Eso es una caricatura del hogar de Nazaret: Cristo, porque traía la felicidad y el orden, salió a propagar esos tesoros entre los hombres y mujeres de todos los tiempos.

953 Me parecen muy lógicas tus ansias de que la humanidad entera conozca a Cristo. Pero comienza con la responsabilidad de salvar las almas de los que contigo conviven, de santificar a cada uno de tus compañeros de trabajo o de estudio... —Esta es la principal misión que el Señor te ha encomendado.

954 Compórtate como si de ti, exclusivamente de ti, dependiera el ambiente del lugar donde trabajas: ambiente de laboriosidad, de alegría, de presencia de Dios y de visión sobrenatural.

—No entiendo tu abulia. Si tropiezas con un grupo de compañeros un poco difícil —que quizá ha llegado a ser difícil por tu abandono—, te desentiendes de ellos, escurres el bulto, y piensas que son un peso muerto, un lastre que se opone a tus ilusiones apostólicas, que no te entenderán...

—¿Cómo quieres que te oigan si, aparte de quererles y servirles con tu oración y mortificación, no les hablas?...

—¡Cuántas sorpresas te llevarás el día en que te decidas a tratar a uno, a otro, y a otro! Además, si no cambias, con razón podrán exclamar, señalándote con el dedo: «hominem non habeo!» —¡no tengo quien me ayude!

955 Oyeme: las cosas santas, cuando se ven santamente, cuando se viven todos los días santamente..., no se convierten en cosas "de todos los días". El quehacer entero de Jesucristo en esta tierra fue humano, ¡y divino!

956 No puedes conformarte con vivir —dices— como los demás, con fe del montón. —Efectivamente, has de tener fe personal: con sentido de responsabilidad.

957 La Trinidad Santísima te concede su gracia, y espera que la aproveches responsablemente: ante tanto beneficio no cabe andar con posturas cómodas, lentas, perezosas..., porque, además, las almas te esperan.

958 Para ti, que tienes ese gran problema. —Si se plantea bien el asunto, es decir, con serena y responsable visión sobrenatural, la solución se encuentra siempre.

959 Al coger a sus niños en brazos, las madres —las buenas madres— procuran no llevar alfileres que puedan herir a esas criaturas...: al tratar con las almas, hemos de poner toda la suavidad... y toda la energía necesaria.

960 «Custos, quid de nocte!» —¡Centinela, alerta!

Ojalá tú también te acostumbraras a tener, durante la semana, tu día de guardia: para entregarte más, para vivir con más amorosa vigilancia cada detalle, para hacer un poco más de oración y de mortificación.

Mira que la Iglesia Santa es como un gran ejército en orden de batalla. Y tú, dentro de ese ejército, defiendes un "frente", donde hay ataques y luchas y contraataques. ¿Comprendes?

Esa disposición, al acercarte más a Dios, te empujará a convertir tus jornadas, una tras otra, en días de guardia.

961 En el reverso de una vocación "perdida" o de una respuesta negativa a esas llamadas constantes de la gracia, se debe ver la voluntad permisiva de Dios. —Ciertamente: pero, si somos sinceros, bien nos consta que no constituye eximente ni atenuante, porque apreciamos, en el anverso, el personal incumplimiento de la Voluntad divina, que nos ha buscado para Sí, y no ha encontrado correspondencia.

962 Si tú amas de verdad a tu Patria —y estoy seguro de que la amas—, ante un alistamiento voluntario para defenderla de un peligro inminente, no dudarías en inscribir tu nombre. En momentos de emergencia, ya te lo he escrito, todos son útiles: hombres y mujeres; viejos, maduros, jóvenes y hasta adolescentes. Sólo quedan al margen los incapaces y los niños.

Cada día se convoca, no ya un alistamiento voluntario —eso es poco—, sino una movilización general de almas, para defender el Reino de Cristo. Y el mismo Rey, Jesús, te ha llamado expresamente por tu nombre. Te pide que luches las batallas de Dios, poniendo a su servicio lo más elevado de tu alma: tu corazón, tu voluntad, tu entendimiento, todo tu ser.

—Escúchame: la carne, con tu pureza de vida y especialmente con la protección de la Virgen, no es problema. —¿Serás tan cobarde, que intentarás librarte del llamamiento, excusándote con que tienes enfermo el corazón, la voluntad o el entendimiento?... ¿Pretendes justificarte y quedarte en servicios auxiliares?

—El Señor quiere hacer de ti un instrumento de vanguardia —ya lo eres— y, si vuelves la espalda, no mereces más que lástima, ¡por traidor!

963 Si el tiempo fuera solamente oro..., podrías perderlo quizá. —Pero el tiempo es vida, y tú no sabes cuánta te queda.

964 El Señor convirtió a Pedro —que le había negado tres veces— sin dirigirle ni siquiera un reproche: con una mirada de Amor.

—Con esos mismos ojos nos mira Jesús, después de nuestras caídas. Ojalá podamos decirle, como Pedro: "¡Señor, Tú lo sabes todo; Tú sabes que te amo!", y cambiemos de vida.

965 Razonan que, en nombre de la caridad, proceden con delicadeza y comprensión, ante los que atropellan.

—Ruego a Dios que esa delicadeza y esa comprensión no sean el camuflaje de... sus respetos humanos, ¡de su comodidad!, para permitir que cometan el mal. Porque entonces... su delicadeza y su comprensión sólo serían complicidad en la ofensa a Dios.

966 No cabe facilitar la conversión de un alma, a costa de hacer posible la perversión de otras muchas.

967 Si alguno aceptara que, entre los corderos, se criasen lobos..., puede imaginarse con facilidad la suerte que correrían sus corderos.

968 Los hombres mediocres, mediocres en cabeza y en espíritu cristiano, cuando se alzan en autoridad, se rodean de necios: su vanidad les persuade, falsamente, de que así nunca perderán el dominio.

Los discretos, en cambio, se rodean de doctos —que añadan al saber la limpieza de vida—, y los transforman en hombres de gobierno. No les engaña su humildad, pues —al engrandecer a los demás— se engrandecen ellos.

969 No es prudente elevar a hombres inéditos hasta una labor importante de dirección, para ver qué sale. —¡Como si el bien común pudiera depender de una caja de sorpresas!

970 ¿Constituido en autoridad, y obras por el qué dirán los hombres? —¡Vejestorio! —Primero, te ha de importar el qué dirá Dios; luego —muy en segundo término, y a veces nunca—, habrás de ponderar lo que puedan pensar los demás. "A todo aquél —dice el Señor— que me reconociere delante de los hombres, yo también le reconoceré delante de mi Padre, que está en los cielos. Mas a quien me negare delante de los hombres, yo también le negaré delante de mi Padre, que está en los cielos".

971 Tú, que ocupas un puesto de responsabilidad, al ejercer tu tarea, recuerda: lo que es personal, perece con la persona que se hizo imprescindible.

972 Una norma fundamental de buen gobierno: repartir responsabilidades, sin que esto signifique buscar comodidad o anonimato. Insisto, repartir

responsabilidades: pidiendo a cada uno cuentas de su encargo, para poder "rendir cuentas" a Dios; y a las almas, si es preciso.

973 Al resolver los asuntos, procura no exagerar nunca la justicia hasta olvidarte de la caridad.

974 La resistencia de una cadena se mide por su eslabón más débil.

975 No digas de ninguno de tus subordinados: no vale.

—Eres tú el que no vale: porque no sabes colocarlo en el sitio donde puede funcionar.

976 Rechaza la ambición de honores; contempla, en cambio, los instrumentos, los deberes y la eficacia. —Así, no ambicionarás los cargos y, si llegan, los mirarás en su justa medida: cargas en servicio a las almas.

977 A la hora del desprecio de la Cruz, la Virgen está allá, cerca de su Hijo, decidida a correr su misma suerte. —Perdamos el miedo a conducirnos como cristianos responsables, cuando no resulta cómodo en el ambiente donde nos desenvolvemos: Ella nos ayudará.

PENITENCIA

978 Nuestro Señor Jesús lo quiere: es preciso seguirle de cerca. No hay otro camino. Esa es la obra del Espíritu Santo en cada alma —en la tuya—: sé dócil, no opongas obstáculos a Dios, hasta que haga de tu pobre carne un Crucifijo.

979 Si la palabra amor sale muchas veces de la boca, sin estar respaldada con pequeños sacrificios, llega a cansar.

980 Desde todos los puntos de vista, es de una importancia extraordinaria la mortificación.

—Por razones humanas, pues el que no sabe dominarse a sí mismo jamás influirá positivamente en los demás, y el ambiente le vencerá, en cuanto halague sus gustos personales: será un hombre sin energía, incapaz de un esfuerzo grande cuando sea necesario.

—Por razones divinas: ¿no te parece justo que, con estos pequeños actos, demostremos nuestro amor y acatamiento al que todo lo dio por nosotros?

981 El espíritu de mortificación, más que como una manifestación de Amor, brota como una de sus consecuencias. Si fallas en esas pequeñas pruebas, reconócelo, flaquea tu amor al Amor.

982 ¿No te has fijado en que las almas mortificadas, por su sencillez, hasta en este mundo gozan más de las cosas buenas?

983 Sin mortificación, no hay felicidad en la tierra.

984 Cuando te decidas a ser mortificado, mejorará tu vida interior y serás mucho más fecundo.

985 No lo debemos olvidar: en todas las actividades humanas, tiene que haber hombres y mujeres

con la Cruz de Cristo en sus vidas y en sus obras,
alzada, visible, reparadora; símbolo de la paz, de la
alegría; símbolo de la Redención, de la unidad del
género humano, del amor que Dios Padre, Dios
Hijo y Dios Espíritu Santo, la Trinidad Beatísima
ha tenido y sigue teniendo a la humanidad.

986 "¿No se reirá, Padre, si le digo que —hace
unos días— me sorprendí ofreciéndole al Señor,
de una manera espontánea, el sacrificio de tiempo
que me suponía tener que arreglar, a uno de mis
pequeños, un juguete descompuesto?"

—No me sonrío, ¡gozo!: porque, con ese
Amor, se ocupa Dios de recomponer nuestros
desperfectos.

987 Sé mortificado, pero no ramplón ni amar-
gado. —Sé recogido, pero no encogido.

988 Un día sin mortificación es un día perdido,
porque no nos hemos negado, no hemos vivido el
holocausto.

989 ¿No has contrariado, alguna vez, en algo,
tus gustos, tus caprichos? —Mira que Quien te lo
pide está enclavado en una Cruz —sufriendo en

todos sus sentidos y potencias—, y una corona de espinas cubre su cabeza... por ti.

990 Te presentas como un teórico formidable... —Pero ¡no cedes ni en menudencias insignificantes! —¡No creo en ese espíritu tuyo de mortificación!

991 Cuidar las cosas pequeñas supone una mortificación constante, camino para hacer más agradable la vida a los demás.

992 Prefiero las virtudes a las austeridades, dice con otras palabras Yavé al pueblo escogido, que se engaña con ciertas formalidades externas.

—Por eso, hemos de cultivar la penitencia y la mortificación, como muestras verdaderas de amor a Dios y al prójimo.

993 En la meditación, la Pasión de Cristo sale del marco frío de la historia o de la piadosa consideración, para presentarse delante de los ojos, terrible, agobiadora, cruel, sangrante..., llena de Amor.

—Y se siente que el pecado no se reduce a una pequeña "falta de ortografía": es crucificar, desgarrar a martillazos las manos y los pies del Hijo de Dios, y hacerle saltar el corazón.

994 Si de veras deseas ser alma penitente —penitente y alegre—, debes defender, por encima de todo, tus tiempos diarios de oración —de oración íntima, generosa, prolongada—, y has de procurar que esos tiempos no sean a salto de mata, sino a hora fija, siempre que te resulte posible. No cedas en estos detalles.

Sé esclavo de este culto cotidiano a Dios, y te aseguro que te sentirás constantemente alegre.

995 El cristiano triunfa siempre desde la Cruz, desde su propia renuncia, porque deja que actúe la Omnipotencia divina.

996 Cuando recuerdes tu vida pasada, pasada sin pena ni gloria, considera cuánto tiempo has perdido y cómo lo puedes recuperar: con penitencia y con mayor entrega.

997 Al pensar en todo lo de tu vida que se quedará sin valor, por no haberlo ofrecido a Dios, deberías sentirte avaro: ansioso de recogerlo todo, también de no desaprovechar ningún dolor. —Porque, si el dolor acompaña a la criatura, ¿qué es sino necedad el desperdiciarlo?

998 ¿Tienes espíritu de oposición, de contradicción?... Bien: ¡ejercítalo en oponerte, en contradecirte a ti mismo!

999 Mientras descansa la Sagrada Familia, se aparece el Angel a José, para que huyan a Egipto. María y José toman al Niño y emprenden el camino sin demora. No se rebelan, no se excusan, no esperan a que termine la noche...: di a Nuestra Madre Santa María y a Nuestro Padre y Señor San José que deseamos amar prontamente toda la penitencia pasiva.

1000 Escribo este número para que tú y yo acabemos el libro sonriendo, y se queden tranquilos los benditos lectores que, por simplicidad o por malicia, buscaron la cábala en los 999 puntos de Camino.

ÍNDICE ANALÍTICO

ABANDONO
89, 787, 799, 850, 860, 873, 884.

V. CONFIANZA (en Dios), FILIACION DIVINA, INFANCIA ESPIRITUAL, LUCHA ASCETICA, PROVIDENCIA DIVINA.

ABNEGACION
71, 249, 793, 814, 819, 826, 998.

V. CRUZ, ENTREGA, GENEROSIDAD, HUMIL-DAD (y olvido de sí), MORTIFICACION.

ABURGUESAMIENTO
12, 210, 716, 952.

V. TIBIEZA.

ACCIONES DE GRACIAS
4, 85, 184, 454, 813.

ACTIVIDADES TEMPORALES
290-322; santificarlas: 293, 307, 311, 487; Poner a Cristo en la cumbre: 302, 608, 858, 985.

V. LIBERTAD, MUNDO, SECULARIDAD.

ALEGRIA
52-95, 399, 795, 861, 994; alegría de hijos de Dios: 58-62, 305, 859; alegría y cruz: 70, 71, 249, 982, 983; alegría y vida interior: 52-54, 72, 73, 94, 95, 132, 296, 673, 773, 857, 987, 994; alegría y fraternidad: 55-57, 66; alegría y apostolado: 63, 64, 117, 188, 321; fruto de la entrega: 2, 6-8, 18, 79-81, 85-88, 93, 98; siembra de alegría: 92, 185; alegría de vivir y de morir: 83, 893; buen humor: 1000.

V. LUCHA ASCETICA (alegre y deportiva), OPTIMISMO.

ALMA HUMANA
796, 800, 841.

V. VIDA HUMANA.

ALMA SACERDOTAL
499.

V. EUCARISTIA, VIDA INTERIOR.

AMBICION
608-631; ambición buena y mala: 623; ambiciones santas: 608-617; ambiciones malas: 625; mediocridad: 540, 541.

AMBIENTE
674, 954; ir contra corriente: 361, 416, 840, 980; acudir a la Virgen: 977,

V. MUNDO.

AMISTAD
95, 191, 727-768; características: 733, 748, 750, 828; amistad y lealtad: 742, 747; amistad y servicio: 740; compañerismo: 732, 746; falsa amistad: 743, 761.

V. FRATERNIDAD.

AMOR
41, 795-800, 979.

AMOR DE DIOS
21, 52, 100, 825, 986; purifica: 814, 828; corresponder: 809, 810.

V. PROVIDENCIA DIVINA.

ANGELES
690, 693, 694.

APOSTOLADO
181-232, 927-944; falsos apostolados: 966.

Vocación apostólica: 184, 186, 189, 202, 211, 219, 221, 287, 291, 321, 342, 419, 930, 962.

Fundamento del apostolado: 104, 190, 227, 232, 297, 455, 462, 673, 793, 984. V. MEDIOS, VIDA INTERIOR.

Instrumentos de Dios: 219, 962. V. HUMILDAD (en el apostolado).

Apostolado de amistad y confidencia: 191-193, 471, 501, 730, 731, 733, 734, 753, 943.

Derecho y deber: 31, 92, 187, 195-197, 408, 728, 733, 774, 778, 952.

Celo apostólico: 1, 4, 64, 88, 117, 181-183, 193-195, 205, 209, 210, 212, 213, 217, 223, 224, 228, 292, 297, 298, 608, 613, 616, 617, 619, 626, 628, 790, 792, 826, 858, 954.

Modo de hacerlo: 23, 182, 185, 222, 786, 866, 928, 942, 943, 954; don de lenguas: 242, 430, 899, 941; en la vida ordinaria: 14; sin respetos humanos: 34, 35, 243, 368.

Virtudes que requiere: 927; audacia: 39, 100, 107-117, 204; caridad: 147; constancia: 31, 107, 206, 207; entusiasmo, alegría: 58-60, 81, 736; fe: 929; humildad: 273; naturalidad: 203; obediencia: 373; prudencia: 674; virtudes humanas: 37, 40, 112, 118, 188, 431, 556, 752, 792.

Dificultades en el apostolado: 199, 201, 204, 205, 934-937. V. DIFICULTADES.

Eficacia apostólica, frutos: 110, 186, 207, 208, 217, 377, 609, 884, 912. V. EFICACIA.

Apostolado de la doctrina: V. DOCTRINA.

Apostolado del ejemplo: 735, 930. V. TESTIMONIO.

Apostolado "ad fidem": 24, 64, 753. V. ECUME-NISMO.

Unidad del apostolado: 226, 409, 556, 615, 729, 757, 868, 869, 902.

APOSTOLES
189, 216; San Pedro: 266; en Pentecostés: 283.

APROVECHAMIENTO DEL TIEMPO
19, 155, 510, 620, 621, 996; en la entrega: 167; en el plan de vida: 381; en el estudio: 523; en el apostolado: 194, 224; y gloria de Dios: 508, 509, 552, 997; y vida eterna: 613, 882, 883, 963.

V. ORDEN.

AUDACIA
96-124, 790; para cumplir la Voluntad de Dios: 105-106; en el apostolado: 107-117, 209.

V. FORTALEZA, VALENTIA.

AUTORIDAD
384, 386, 702, 763, 951, 968, 970; tiranía: 397, 398, 919.

V. GOBIERNO.

BORRICO
345.

CARACTER
416-443, 739, 532-553, 769-794, 980.

CARIDAD
74, 93, 147, 187, 739, 745, 797.

Con Dios: 94, 420, 656, 696, 773, 818, 819; sin límites: 17; trato de enamorados: 666, 667, 676, 799, 810; con el corazón: 800, 809; en cosas pequeñas: 980, 981.

Con los hombres: 245, 251, 547, 727, 728, 741, 742, 827, 829, 907, 908; operativa: 734, 744, 748; universal y ordenada: 315, 816, 825, 827, 920, 953; caridad y justicia: 303, 973; caridad y fortaleza: 803, 959; comprensión: 159, 277, 757, 758, 864, 867, 990; delicadeza en el trato: 63, 89, 712, 807, 808, 820, 895, 900, 991; envidias, celotipias: 784, 868, 869, 911, 912; falsa caridad: 743, 749, 965; juicios críticos: 635, 636, 644, 706, 708, 925; juicios temerarios: 135, 544, 551, 906.

Obras de misericordia: 16; materiales: 26-28; espirituales: 212, 228, 229, 778, 826; perdón de las ofensas: 738, 760, 763, 764, 804-806, 920.

Caridad y verdad: 192, 429, 431, 808, 822-824, 865-867, 871, 900, 902, 915, 939, 944; calumnias, murmuraciones: 544, 545, 550, 585-594, 603, 642-645, 902-925, 932, 1000. V. COMPRENSION, CORRECCION FRATERNA, FRATERNIDAD, VERACIDAD.

CASTIDAD
84, 831-849; naturaleza: 259, 831; necesidad: 842-844, 848; medios para guardarla: 132, 814, 832-841, 847, 849; castidad matrimonial: 846.

V. CORAZON, HEDONISMO.

CIELO
52, 282, 863, 882, 891, 892.

V. ESPERANZA.

CIENCIA
597-599, 603.

V. CULTURA.

CIUDADANIA
290-322.

V. ACTIVIDADES TEMPORALES, MUNDO, SO-CIEDAD.

COBARDIA
11, 25, 121, 370.

V. VALENTIA.

COHERENCIA
40, 46, 51, 979.

V. PRUDENCIA, RESPETOS HUMANOS.

COMPRENSION
576, 762; caridad: 738, 757, 804; ante las flaquezas
ajenas: 171, 367, 758-761, 763, 764, 778; en el apostolado: 206, 864; en la convivencia: 245, 251, 635, 746,
803, 867, 870, 871; en la labor de gobierno: 395, 399,
402, 404; transigencia e intransigencia: 192, 600, 606,
722, 785.

COMUNION DE LOS SANTOS
56, 472, 479, 615, 689, 948.

COMUNION SACRAMENTAL: V. EUCARISTIA.

CONCIENCIA
24, 105, 389, 589, 911.

V. EXAMEN DE CONCIENCIA.

CONFESION SACRAMENTAL
45, 168.

CONFIANZA
en Dios: 39, 43, 44, 73, 119, 122, 123, 349, 398, 770,
787, 850, 854, 855; en la vida interior: 75, 77, 469; en
la labor apostólica: 114, 859, 884; en los demás: 392-
394, 398, 402, 403, 972, 975.

V. ABANDONO, ESPERANZA, FE, FILIACION DI-
VINA.

CONSTANCIA
31, 107, 129, 140, 206, 207, 771, 789.

CONTEMPLATIVOS
309, 452, 497.

V. ORACION, PIEDAD, PRESENCIA DE DIOS.

CONTRADICCIONES
38, 239-247, 310, 411, 683, 868, 931, 935, 936, 958;
en el apostolado: 28, 202, 242, 244, 784, 922, 924,
933; murmuraciones: 907, 910, 921-924; actitud ante
las contradicciones: 239-241, 250, 268, 407, 698, 855,
872, 908, 909, 932.

V. CARIDAD, DIFICULTADES.

CONTRICION
42, 324, 469, 480, 763, 764, 839, 964; dolor de Amor:
30, 142, 174, 861; recomenzar: 65, 145.

V. CONFESION SACRAMENTAL, CONVERSION,
EXAMEN DE CONCIENCIA, FLAQUEZAS, HU-
MILDAD (y flaquezas), REPARACION.

CONVIVENCIA
167, 322, 429, 755, 756, 911, 913.

V. COMPRENSION.

CONVERSION
145, 146, 161, 170, 278, 838.

V. CONTRICION

CORAZON
98, 795-830; tener corazón: 183, 795, 802, 809, 820, 829; a la medida del Corazón de Cristo: 813; el ejemplo de la Virgen: 801; exigencias: 796, 800; corazón y pureza: 811, 814, 828, 830; los lazos de sangre: 214, 812, 816; sentimentalismo: 166; entrega del corazón: 41, 810, 815, 817; guarda del corazón: 811-817, 834, 849.

V. CARIDAD, CASTIDAD.

CORRECCION FRATERNA
373, 707, 822, 823, 907.

CORREDENTORES
1, 181, 211, 255, 291, 466, 826, 858, 945, 985. V. APOSTOLADO, CRUZ, MORTIFICACION.

COSAS PEQUEÑAS
156, 488, 489, 494, 737, 949; mortificaciones pequeñas: 980, 981, 990, 991.

V. TRABAJO, VIDA ORDINARIA.

CRUZ
248-258; aceptación gozosa: 52, 234, 255, 256, 978; calumnias e incomprensiones: 239-247; dolor y sacrificio: 249, 887; la cruz de cada día: 149, 985, 988; el crucifijo: 28, 238; resello divino: 8, 70, 198, 244, 257, 995; ejemplo de la Virgen: 248, 258.

V. MORTIFICACION, PENITENCIA.

CULTO DIVINO
49, 50, 382.

CULTURA
138, 310.

V. ESTUDIO, LECTURAS.

DEBERES Y DERECHOS
300, 310, 322, 413, 421, 507, 785, 946; deberes de justicia: V. JUSTICIA, SINCERIDAD, VERACIDAD; deberes profesionales: V. TRABAJO; deberes civiles y sociales: V. CIUDADANIA, JUSTICIA, SOCIEDAD.

DEFECTOS
435-439, 742; adulación: 561, 721; desánimo: 77, 78; envidia: 911, 912; espíritu de contradicción: 998; orgullo: 269, 713, 720.

V. EGOISMO, FLAQUEZAS, SOBERBIA.

DEMONIO
149, 150, 323, 703, 812, 868, 914.

DESCANSO
470, 513, 514.

DESPRENDIMIENTO
de las cosas de la tierra: 21, 82, 294; de los bienes materiales: 26, 27; de la fama: 34, 241, 243; de los hono-

res: 441; de las opiniones: 275, 277; de los propios intereses: 14; del propio yo: 279.

V. POBREZA.

DEVOCIONES
49, 62, 90, 474, 480, 690; al crucifijo: 28, 238.

V. CRUZ, EUCARISTIA, JESUCRISTO, ROMANO
PONTIFICE, SAGRADA FAMILIA, VIRGEN SAN-
TISIMA.

DIFICULTADES
35, 38, 101, 113, 234, 376, 715; dificultades subjeti-
vas: 108, 166, confianza en Dios: 110, 119, 127; serenidad y alegría: 66, 76, 82, 90, 878.

V. APOSTOLADO (dificultades), CONTRADICCIO-
NES, TENTACIONES.

DIRECCION ESPIRITUAL
336, 382, 404, 677, 835, 859, 951; cariño y exigencia:
13, 331, 405, 406, 959; modo de recibirla: 152, 157,
270, 324; sinceridad: 216, 323, 325, 327, 332-336,
339.

V. DOCILIDAD, SINCERIDAD.

DOCILIDAD
181, 372, 793

V. GRACIA, OBEDIENCIA.

DOCTRINA
doctrina de fe: 42, 47, 923, 940; necesidad de tener buena doctrina: 221, 346; modo de dar doctrina: 567-574, 901, 910, 938, 939; con don de lenguas: 899, 941; obligación de difundirla: 225, 826.

V. EVANGELIZACION, FE, FORMACION, LECTURAS, VERACIDAD.

DOLOR
233-258; sentido sobrenatural: 2, 52, 234-238, 240, 249, 250, 887, 997; enfermedad: 253, 254; incomprensiones: 239-248; compasión ante el dolor ajeno: 233, 251; ejemplo de la Virgen. 248, 258.

V. CRUZ, ENFERMEDAD.

ECUMENISMO
365, 751; falso ecumenismo: 359, 360, 364, 643, 966.

EDUCACION
310, 336.

EFICACIA
557, 699.

EGOISMO
9-12, 16, 25, 709, 739, 744, 745, 749.

EJEMPLOS GRAFICOS
abrirse en abanico: 193; al paso de Dios: 629, 791; alas para volar: 414; aleación metálica: 358; antes, más y

mejor: 462; banderín de enganche: 211; brasa encendida: 194; cada caminante siga su camino: 231; centinela de guardia: 463; envoltorio y regalo: 288; eslabones de una cadena: 974; guerrillero aislado: 409; heridas del soldado: 240; historia clínica: 173; ideas madres: 884; linternas en la oscuridad: 318; los siete sabios de Grecia: 365; mirada incendiaria: 297; molino de viento: 811; movilización general: 962; niño mimado: 431; oro y cobre: 286; pelar patatas: 498; primera audiencia: 450; profesionalitis: 502; prosa y endecasílabos: 500; puente levadizo: 467; quinta columna: 112; revolución cristiana: 887; rosas y espinas: 237; roturar, abrir surco: 215; sal de la tierra: 342; siete cerrojos: 834; talla del diamante: 235; viento y huracán: 411.

ENFERMEDAD
253, 254.

V. DOLOR.

ENSEÑANZA
229, 230.

ENTREGA
4, 5, 21, 33, 41, 130, 140, 167, 176, 611, 674, 678-682, 782, 787, 794, 798, 799, 810, 934; de la honra: 614; de los lazos de sangre: 22, 214; del tiempo: 19; y libertad: 11, 787; generosidad: 1-33, 71, 266, 677; frutos: 7, 32, 79-81, 85-88, 98.

V. FIDELIDAD, LIBERTAD, VOCACION (fidelidad a la vocación).

ESPERANZA
31, 77, 83, 91, 293, 723, 724, 780; del Cielo: 876, 880, 881, 885, 891; y lucha ascética: 68, 80, 163, 863.

V. CIELO, CONFIANZA (en Dios).

ESPIRITU SANTO
120, 283, 978.

V. GRACIA.

ESTUDIO
471, 483, 522-526, 572, 618, 619, 622, 781.

V. CULTURA, FORMACION, LECTURAS.

EUCARISTIA
684-695; comunión eucarística: 694; presencia real: 684-687, 817.

Vida eucarística: actos de desagravio: 689; trato con Cristo en la Eucaristía: 684; visitas al Santísimo: 685-688, 818.

V. ALMA SACERDOTAL, CULTO DIVINO.

EVANGELIO
lectura del Evangelio: 671, 672.

EVANGELIZACION
181, 213, 228, 318.

V. DOCTRINA.

EXAMEN DE CONCIENCIA
    142, 148, 157, 329, 420, 657; días de retiro: 177-179.

FAMILIA CRISTIANA
    naturaleza y características: 845, 846, 986; educación
    de los hijos: 310, 336; las familias y la vocación: 22,
    23, 133, 214, 812, 816.

    V. MATRIMONIO.

FE
    Naturaleza y necesidad: 83, 91, 259, 572, 837, 940,
    956; doctrina de fe: 275, 357-359, 684; difundir la fe:
    927-944.

    Fortaleza en la fe: amor y defensa: 84, 572, 901, 923,
    929, 933, 936-940, 996; no es fanatismo: 571, 933; en
    las contradicciones: 411.

    Fe operativa: 4, 46, 111, 215, 355, 930, 945, 949; en el
    apostolado: 207; vida de fe: 43, 44, 56, 73, 119, 121,
    308, 309, 459, 658.

    V. DOCTRINA, LECTURAS.

FIDELIDAD
    51, 298, 340-350, 376, 786-789, 794, 948; al plan de
    vida: 412-415; en el cumplimiento del deber: 131; fi-
    delidad y lucha ascética: 126; lealtad a la Iglesia: 351-
    367, 407-411.

    V. LEALTAD, VOCACION, VOCACION CRIS-
    TIANA.

FILIACION DIVINA

70, 96, 184, 267, 299, 303, 306, 309, 317, 417, 750, 790; abandono, confianza: 65, 90, 175, 426; alegría de hijos de Dios: 53, 54, 58-62, 67, 86, 305, 885; la libertad de los hijos de Dios: 311, 423.

V. ABANDONO, INFANCIA ESPIRITUAL.

FLAQUEZAS

42, 45, 62, 65, 69, 134, 141, 162, 174, 262, 271, 475, 564, 834, 964.

V. DEFECTOS, HUMILDAD (y flaquezas).

FORMACION

Necesidad, fines, medios: 221, 346, 359, 538, 951; no termina nunca: 272; sin prisas: 783.

Labor de formación: 216, 402, 425, 442, 950; cariño y exigencia: 405, 803; corregir por amor: 821-824; dejarse formar: 235, 270.

Aspectos de la formación: de la conciencia: 389; formación para el apostolado: 419, 626.

V. DOCILIDAD, DOCTRINA.

FORTALEZA

66, 97, 441, 720, 803, 974; en el gobierno. 822, 967; ante el ambiente: 416, 840, 980.

V. AUDACIA, CONSTANCIA, LUCHA ASCETICA, MAGNANIMIDAD, PACIENCIA, RECIEDUMBRE, SERENIDAD, VALENTIA.

FRATERNIDAD
681, 739, 755-767, 823; fraternidad universal: 16, 317, 624, 729, 732, 754; fraternidad y alegría: 55, 57, 66; falsa fraternidad: 743.

Manifestaciones: caridad, unidad: 56; día de guardia: 960; delicadeza en el trato. 712, 807, 808, 895; evitar discordias: 918; hacer amable la vida a los demás: 63; olvido de sí: 765; pequeños servicios: 737.

V. CORRECCION FRATERNA, VOCACION CRISTIANA.

FRIVOLIDAD
154, 224, 532-553, 650, 776, 834, 902, 903, 926.

GENEROSIDAD
1-33, 560, 775, 782; con los medios materiales: 24-28; en la entrega: 1-8, 29-32; en la lucha ascética: 13-19; en el apostolado: 40; y familia: 22, 23.

V. ENTREGA, SERVICIO.

GLORIA DE DIOS: V. HUMILDAD (y gloria de Dios).

GOBIERNO
383-406, 967-976; desgobierno, tiranía: 386, 387, 397, 398, 400, 919.

Características del buen gobierno: modo de gobernar. 968; colegial: 392; cariño y exigencia: 405, 406; delegar responsabilidades: 972; enseñar a otros: 402; no fiar sólo en la organización: 403; no hacerse imprescindible: 971; sentido positivo: 399.

Virtudes del gobernante: 968-970; fortaleza: 383, 581, 967; desprendimiento del cargo: 705, 976; buenos modales: 386; orden: 387; comprensión: 395; prudencia: 391, 396, 975; objetividad: 399; respeto a la libertad: 401; humildad: 388, 392, 976; justicia y caridad: 404, 973; sentido de responsabilidad: 951, 968-976.

V. AUTORIDAD, SERVICIO.

GRACIA DIVINA
naturaleza y efectos: 14, 314, 424, 668, 770; correspondencia a la gracia: 4, 5, 17, 67, 80, 103, 105, 120, 155, 179, 443, 596, 629, 669, 725, 769, 782, 798, 851, 946, 957, 961.

V. ENTREGA, ESPIRITU SANTO, FIDELIDAD, FILIACION DIVINA, MEDIOS (sobrenaturales), SANTIDAD, VOCACION (llamada divina).

HEDONISMO
128, 423, 795, 940.

HIPOCRESIA
562, 569, 595, 632-647, 741.

HUMILDAD
259-289.

Naturaleza y necesidad: 259, 289, 919; frutos: 282, 995; humillaciones: 35, 45, 268, 281; señales de la falta de humildad: 263; verdadera y falsa humildad: 40, 45, 261-269, 627; y caridad: 328, 422, 722, 824; y Virgen: 124, 289. V. SANTIDAD.

Humildad y gloria de Dios: 555, 675, 718, 721, 976. V. RECTITUD DE INTENCION.

Humildad y conocimiento propio: 20, 66, 68, 122, 131, 134, 260, 268-273, 421, 758, 770, 886; vanidad: 44, 45, 135, 721, 968. V. EXAMEN DE CONCIENCIA.

Humildad y flaquezas: 42, 65, 69, 77, 78, 141, 174, 262, 269, 271, 274-281, 475, 564, 604, 696, 702-707, 713-720, 722-726, 964. V. CONTRICION, FLAQUE-ZAS, LUCHA ASCETICA (humilde y confiada).

Humildad y olvido de sí: 74, 279, 510, 511, 515, 533, 630, 631, 697-700, 709-712, 739, 755, 765, 793, 947, 998. V. OLVIDO DE SI.

Instrumentos en el apostolado: 120, 189, 200, 261, 283, 285-288. V. APOSTOLADO (instrumentos de Dios).

IGLESIA
fundación, naturaleza y notas: 186, 312, 319, 364, 409, 410, 960, 962; magisterio de la Iglesia: 275; derechos de la Iglesia: 301, 310; fidelidad y amor a la Iglesia: 47, 344, 351-356, 360, 365, 367, 407-411, 920; dificultades en la vida de la Iglesia: 311, 935, 936; rezar por la Iglesia: 344.

V. ROMANO PONTIFICE.

IMAGINACION
135, 166, 167.

INDUSTRIAS HUMANAS
531, 775.

INFANCIA ESPIRITUAL
79, 145, 270, 473, 474. V. FILIACION DIVINA, SEN-
CILLEZ.

INFIERNO
890.

JACULATORIAS
161, 180, 516, 862, 874, 936, 964.

JESUCRISTO
Vida de Jesús: natividad y vida oculta: 62, 322, 484-
486, 701, 794, 955; vida pública: 50, 65, 67, 212, 218,
227, 233, 251, 266, 361, 377, 378; pasión y muerte: 35,
51, 139, 255, 373, 805, 989, 993; glorificación: 226,
554; realeza de Cristo: 292, 608. V. CRUZ, VIDA OR-
DINARIA.

Humanidad Santísima del Señor: 95, 210, 421, 813,
964; Corazón Sacratísimo de Jesús: 805, 809, 813, 830.

Identificación con Cristo: 166, 200, 366, 424, 687,
700, 728, 732, 806, 892, 978; modelo de virtudes: 238,
239, 244, 261, 273, 726; trato con Jesucristo: 470, 662-
664, 671-673, 680. V. VIDA INTERIOR.

JUICIO
358, 369, 693, 875, 888, 890, 897.

JUSTICIA
601, 785, 827, 892, 973; justicia social: 16, 227, 228, 303, 466, 502, 528, 624, 702, 754.

LABORIOSIDAD
199, 482-531.

V. APROVECHAMIENTO DEL TIEMPO, ORDEN, TRABAJO (perfección humana).

LAICISMO
301, 304, 307, 308, 310, 311, 318, 931-938.

LEALTAD
340-371; en la conducta cristiana: 368-370; a la Iglesia: 351-367, 407-411; a la propia vocación: 340-350; deslealtad: 393, 396, 743, 747.

V. AMISTAD, FIDELIDAD.

LECTURAS
138, 579.

V. CULTURA.

LEY
383, 400; ley divina: 12, 407; ley civil: 307, 322, 410, 785.

V. AUTORIDAD, GOBIERNO, SOCIEDAD CIVIL.

LIBERTAD
amor y defensa: 231, 384, 423; en la entrega: 11, 78, 284, 787, 797, 799; en el apostolado: 226, 401; libertad religiosa: 301, 310, 389, 931; en cuestiones temporales: 313, 356, 357.

V. SECULARIDAD.

LUCHA ASCETICA
125-180.

Necesidad y objetivos: 111, 142, 157, 158, 863, 990; en la vida de piedad: 177-180; contra el pecado: 138, 139, 143-145; contra la tibieza: 146; en las tentaciones: 132-137, 149, 150, 172. V. EXAMEN DE CONCIENCIA.

Alegre y deportiva: 169; conversión: 162, 170, 179; el cristiano, soldado de Cristo: 75, 151, 790, 960. V. OPTIMISMO.

Humilde y confiada: 20, 77, 259, 964. V. DEFECTOS, FLAQUEZAS, HUMILDAD (y flaquezas).

Constante y fuerte: 113, 126, 129, 134, 140, 163-166, 769, 771, 776; comenzar y recomenzar: 161, 162, 167-176, 271; exigencia: 15, 17, 130, 149, 153-156. V. CONSTANCIA, FORTALEZA, PACIENCIA, PERSEVERANCIA.

En la vida ordinaria: 875; ayuda de la Virgen: 692. V. VIDA ORDINARIA.

Fuente de alegría: 68, 78, 132, 852. V. ALEGRIA.

MADUREZ
553, 627, 715, frivolidad: 532-553. V. CARACTER, PERSONALIDAD, VIRTUDES.

MAGNANIMIDAD
608-631, 802, 805, 949.

V. GENEROSIDAD.

MATERIALISMO
128, 304-307, 423.

MATRIMONIO
845, 846.

V. FAMILIA CRISTIANA.

MEDIOS
Medios sobrenaturales: 3, 190, 403, 834, 936, 995; eficacia: 123, 147, 873. V. APOSTOLADO (fundamento).

Medios económicos y materiales: 24, 616, 974. V. DESPRENDIMIENTO, POBREZA.

MODAS
48.

MORAL CRISTIANA
48, 267, 275, 295, 307, 357, 842.

V. CONCIENCIA.

MORTIFICACION
    Naturaleza y necesidad: 255, 467, 841, 978-984, 988, 992; y caridad: 779, 819, 981, 990; y alegría: 59, 982, 983, 987.

    Mortificación interior: 34, 35, 74, 133; de la imaginación: 135, 164, 248; de la lengua: 902-904.

    Mortificación corporal: 834, 903, 985; de los sentidos: 132, 660, 670, 682.

    Mortificaciones habituales: 252, 446, 986, 988-991.

    V. APOSTOLADO (fundamento), COSAS PEQUEÑAS, CRUZ, MEDIOS (sobrenaturales), PENITENCIA.

MUERTE
    26, 875-881, 883-886, 890, 893, 894, 896; es Vida: 876-879, 883; preparación: 875, 877, 881; pensamiento de la muerte: 880, 885, 891, 895, 897, 963.

MUNDO
    santificación del mundo: 14, 99, 291-293, 297, 302, 307, 318-320, 858, 945; ciudadano cristiano: 296, 303, 306, 309, 312, 931; amor al mundo: 290, 294, 305; no ser mundanos: 299, 304, 774, 814.

    V. ACTIVIDADES TEMPORALES, CIUDADANIA, PECADO, SECULARIDAD, SOCIEDAD CIVIL.

NACIONALISMO
    315-317.

NATURALIDAD
554-566; humildad, sencillez: 203, 561, 562, 564, 565; discreción: 647, 910; en la mortificación: 985-987; en la vida cristiana: 558-560, 566, 833; en el apostolado: 188, 320, 321, 555, 563; naturalidad de Jesucristo: 554, 556; y eficacia: 557.

V. VIDA ORDINARIA.

NOVISIMOS
305, 875-898.

V. CIELO, INFIERNO, JUICIO, MUERTE, PURGA-TORIO.

OBEDIENCIA
13, 151, 372-382, 408-415; naturaleza y necesidad: 259, 376, 381; características: 372-376, 378-380, 382, 415, 435, 999; disciplina: 376, 409, 410, 412, 415; en el apostolado: 373, 377.

V. DIRECCION ESPIRITUAL, DOCILIDAD, FE, FORMACION, GOBIERNO.

OFRECIMIENTO DE OBRAS
499, 675, 997.

OLVIDO DE SI: V. HUMILDAD (y olvido de sí).

OPTIMISMO
fe, esperanza: 56, 80, 90, 118, 127, 426; en la lucha:

68, 80; sentido positivo en el gobierno: 398, 399; "omnia in bonum": 127.

V. ALEGRIA, CONFIANZA (en Dios), ESPERANZA, FILIACION DIVINA.

ORACION
444,481; características: 259, 458, 460, 468-470; oración vocal: 473-477; oración de petición: 213, 217, 454, 472, 479, 648; y apostolado: 455, 462, 466; y trabajo: 497.

Oración mental: 118, 324, 457, 481, 661-665; necesidad: 444, 445, 448-450, 456, 464, 465, 994; dificultades: 459, 460, 463, 670; modo de hacerla: 446, 447, 461-463.

V. CONTEMPLATIVOS, ROSARIO.

ORDEN
384, 506, 509, 511, 513, 953.

V. APROVECHAMIENTO DEL TIEMPO.

PACIENCIA
71, 668, 791, 821, 853; en la labor de almas: 206, 405; impaciencia santa: 783.

V. LUCHA ASCETICA (constante y fuerte), SERENIDAD.

PATRIOTISMO
301, 315-317, 962.

V. CIUDADANIA, NACIONALISMO.

PAZ

850-874; paz interior: 70, 71, 78, 250, 335, 340, 510, 786, 796, 853, 857, 874; fruto de la entrega: 6-8, 18; fruto de la lucha: 146, 160, 851, 852; fruto del abandono: 850, 859-862, 873; en las dificultades: 859, 861, 872, 878, 907, 908; serenidad: 853-856; siembra de paz: 59, 75, 92, 290, 863-866, 916-918, 920, 927, 932.

V. COMPRENSION, LUCHA ASCETICA, OPTIMISMO, SERENIDAD.

PECADO

134, 139, 171, 315, 407, 836, 837, 839, 890, 944; 993; lucha contra el pecado: 143, 144; efectos: 843, 844, 848, 851; arrepentimiento: 65, 324, 838.

V. CONTRICION, REPARACION.

PENITENCIA

259, 839, 925, 978-999.

V. CONFESION SACRAMENTAL, CONTRICION, MORTIFICACION, PECADO, REPARACION.

PEREZA

165, 265, 505, 957.

PERSEVERANCIA

32, 325, 347, 348, 366, 898; en la lucha: 169, 173; en el apostolado: 31, 205, 207, 215; en la labor comenzada: 521, 771; en la vocación: 343, 349; perseverancia final: 284, 888, 894.

V. CONSTANCIA, LUCHA ASCETICA (constante y fuerte), VOCACION (fidelidad a la vocación).

PERSONALIDAD
416-443.

V. CARACTER.

PESIMISMO
723-725.

V. OPTIMISMO.

PIEDAD
167, 179, 476; amor a la Iglesia: 344, 354; amor a la tradición: 950.

PLAN DE VIDA
149, 381, 412.

V. ORDEN.

POBREZA
82, 228, 982.

V. DESPRENDIMIENTO.

PRESENCIA DE DIOS
334, 447-450, 473, 478, 657-660, 681, 856, 857, 900, 906, 926.

V. CONTEMPLATIVOS, JACULATORIAS, ORA-
CION.

PRIMEROS CRISTIANOS
320, 490.

V. APOSTOLES.

PROPOSITOS
3, 76, 222, 949.

V. EXAMEN DE CONCIENCIA, LUCHA ASCETICA.

PROPAGANDA
927-944.

V. APOSTOLADO, DOCTRINA.

PROSELITISMO
199, 201, 217-220, 412; medios sobrenaturales: 190,
198, 217, 218; apóstol de apóstoles: 196, 202, 204.

V. APOSTOLADO (celo apostólico).

PROVIDENCIA DIVINA
596.

V. ABANDONO, CONFIANZA (en Dios).

PRUDENCIA
97, 222, 785, 910, 951, 958; al juzgar: 906, 915; en el
gobierno: 391, 396, 919, 967-972, 975; en las lecturas:
138; falsa prudencia: 43, 101, 108, 109, 121.

PURGATORIO
889.

RECIEDUMBRE
92, 416, 418, 432, 777, 779, 781, 782.

RECTITUD DE INTENCION
19, 135, 296, 575-585, 588, 633-641, 643, 644, 646, 679, 708, 718, 722, 772, 773, 806, 853, 912; en el gobierno: 970, 976; en el trabajo: 508, 701, 702, 907; en el apostolado: 204, 215, 352, 609, 610, 612, 908; rectificar los juicios: 604-606.

V. APOSTOLADO (instrumentos de Dios), HUMILDAD (y gloria de Dios), TRABAJO (perfección humana).

REPARACION
258, 480, 518, 996.

V. CONTRICION, PECADO, PENITENCIA.

RESPETOS HUMANOS
34-51, 965, 970; en la entrega: 40, 41; para practicar la fe: 43-51, 115; en la labor apostólica: 34-39, 114.

RESPONSABILIDAD
372, 548, 715, 781, 791, 945-977; en la propia santidad: 888, 948, 956, 961, 996; en la labor apostólica: 774, 790, 953, 954, 956, 957, 962, 977; en la labor de

gobierno: 968-976; sentido de responsabilidad: 138, 539, 545-547, 974; falta de responsabilidad: 438, 533.

V. APOSTOLADO, GOBIERNO, SANTIDAD, TRA-BAJO.

ROMANO PONTIFICE
353.

ROSARIO
474-478, 691, 874.

SACERDOTES
168, 904.

SAGRADA FAMILIA
62, 690, 999.

SANTIDAD
111, 113, 611; amor de Dios, caridad: 17, 655, 739; deseos de santidad: 628, 648, 650, 776; llamada universal: 125, 157, 182, 314, 408, 507, 529, 654; santidad y lucha ascética: 129, 158, 161, 166; condición de eficacia: 104, 342, 653, 927.

V. LUCHA ASCETICA, VIDA ORDINARIA, VOCACION CRISTIANA.

SANTOS
558, 559, 661, 653; San Agustín: 838.

SECULARIDAD
298, 300, 308, 313, 356; amor al mundo: 290, 294, 299.

V. ACTIVIDADES TEMPORALES, CIUDADANIA, MUNDO, VOCACION CRISTIANA.

SECTARISMO
580.

SENCILLEZ
326, 328, 338, 434-437, 564, 565, 639, 777, 901, 903; falta de sencillez: 434, 436, 782.

V. INFANCIA ESPIRITUAL, NATURALIDAD.

SERENIDAD
112, 340, 439, 791, 853-856, 874, 878, 906, 958; fruto del abandono: 860, 873.

V. ABANDONO, PACIENCIA, PROVIDENCIA DIVINA.

SERVICIO
266, 386, 730; a Dios: 53, 280, 298; a la Iglesia: 14, 351, 355; en la labor de enseñanza: 229; afán de servicio: 55, 350, 422, 433, 623-625, 630, 631, 705, 727, 737, 738, 744, 750, 942, 947.

SINCERIDAD
45, 180, 188, 323-339, 820, 979; consigo mismo: 148, 153, 159; en la dirección espiritual: 145, 152.

V. SENCILLEZ, VERACIDAD.

SOBERBIA
74, 162, 274, 696-726.

V. HUMILDAD.

SOCIEDAD CIVIL
301, 421; cristianizar la sociedad: 302, 318.

V. ACTIVIDADES TEMPORALES, AUTORIDAD, CIUDADANIA, GOBIERNO, LEY, MUNDO, SECU-LARIDAD.

SOLEDAD
709.

TEMPLANZA
V. CASTIDAD, DESPRENDIMIENTO, HUMIL-DAD, MORTIFICACION, POBREZA.

TENTACIONES
132-144, 149, 150, 341, 833, 854; contra la vocación: 133, 136; luchar, no dialogar: 137, 160, 172, 834, 836; remedios: 323, 817, 847.

V. LUCHA ASCETICA.

TEOLOGIA
572.

TESTIMONIO
36, 46, 50, 94, 193, 236, 300, 306, 318, 534, 735; de

alegría: 58, 60, 79; conducta cristiana: 306, 368-370, 930.

V. VOCACION CRISTIANA.

TIBIEZA
9, 10, 12, 112, 132, 146, 153, 154, 165, 204, 540, 541, 717, 736.

V. ABURGUESAMIENTO, FRIVOLIDAD, LUCHA ASCETICA, VIDA INTERIOR.

TRABAJO
482-531; dignidad del trabajo: 482-487, 530; perfección humana: 488-495, 499, 504, 508, 519, 529; orden, aprovechamiento del tiempo: 505-515, 791; rectitud de intención: 491, 495, 502-504, 526, 701; santificar el trabajo: 497, 500, 516-518, 520, 531; santificarse con el trabajo: 311, 482, 483, 490, 493, 496-501, 507, 531; virtudes en el trabajo: 488, 489, 501, 505, 511, 515, 519, 521, 527; instrumento de apostolado: 14, 193, 230, 471, 483, 491, 501, 528, 530, 781, 928, 954; ejemplo de Jesucristo: 484-486.

V. ACTIVIDADES TEMPORALES, APOSTOLADO, COSAS PEQUEÑAS.

TRANSIGENCIA-INTRANSIGENCIA
192, 600, 606, 722, 875.

V. COMPRENSION.

TRISTEZA
510.

V. ALEGRIA.

UNIDAD
364, 373, 411, 868, 918.

V. APOSTOLADO (unidad en el apostolado).

UNIDAD DE VIDA
187, 197, 223, 308, 471, 534, 549, 568, 571-573, 584, 595, 744, 888.

V. COHERENCIA, CONTEMPLATIVOS, TRABAJO (santificar el trabajo).

UNIVERSALIDAD
226, 428; universalidad en el apostolado: 183, 186, 193, 209, 228, 363, 563, 943.

VALENTIA
36, 41, 46, 102-124, 166, 236, 362, 785, 834, 920, 962; audacia: 37, 39, 96-98, 112, 118, 124; miedo: 102, 103.

VANIDAD
164, 703, 704, 713.

V. HUMILDAD, SOBERBIA.

VERACIDAD
47, 185, 330-334, 567-607.

Fidelidad y amor a la verdad: fidelidad: 42, 901, 905, 916, 938, 965; amor: 336, 567, 570, 575, 576, 578, 579, 581, 588-590, 592, 593, 595, 597, 598, 600, 602; defensa: 34, 243, 937, prudencia: 910, 915; difundir la verdad: 571, 574, 587, 870, 928, 930, 934.

Atentados contra la verdad: hipocresía: 632-647; mentiras: 338, 577, 905, 932; calumnias, murmuraciones: 544, 545, 550, 585-594, 603, 642-645, 902-925, 932, 1000. V. DOCTRINA, SINCERIDAD.

VIDA HUMANA
760, 883, 886, 896.

VIDA INTERIOR
648-695; necesidad: 86, 122, 445, 447, 654, 697, 788, 789, 798, 984; características: 79, 81, 426, 649, 651, 655, 679, 682, 769; santidad y virtudes: 648-656; oración, presencia de Dios: 657-665; trato con Jesucristo: 662-683, 794; acción de la gracia: 668, 669, 677; ha de manifestarse con obras: 197, 223, 683; almas de Eucaristía: 684-689; trato con la Virgen y los Santos: 690-695; dificultades en la vida interior: 463, 651, 677, 780; arideces: 459, 464, 695, 862.

V. APOSTOLADO (fundamento), GRACIA, JESUCRISTO (identificación con Cristo), LUCHA ASCETICA.

VIDA ORDINARIA
565, 617, 628, 701, 953, 955; santidad en la vida ordi-

naria: 489, 495-500, 988; el ejemplo Jesucristo: 484-486.

V. COSAS PEQUEÑAS, HUMILDAD, NATURALI-DAD, TRABAJO.

VIRGEN SANTISIMA
santidad y virtudes: 33, 95, 124, 248, 289, 339, 371, 481, 566, 607, 647, 726; Madre de los hombres: 607, 801, 847; corredentora: 977; el Corazón Dulcísimo de María: 258, 415, 768, 801, 830; la Virgen y la Iglesia: 232.

Vida de María: anunciación: 33, 124, 481, 647, 726; visitación a Santa Isabel: 95, 289, 371, 566; camino de Belén: 322; huida a Egipto: 999; el Niño perdido y hallado en el Templo: 794; vida oculta de Jesús: 415; bodas de Caná: 631; en la Pasión: 51, 248, 977; en Pentecostés: 232; asunción al Cielo: 898; coronación: 443, 926.

Devoción a la Virgen: 691, 695, 874, 898, 944; rosario: 474, 475; imágenes de la Virgen: 531; la Virgen y la vida interior: 180, 258, 415, 553, 692, 695, 768, 830, 847, 849.

VIRTUDES
53, 541, 649.

V. CARACTER, MADUREZ, PERSONALIDAD.

Virtudes humanas: naturaleza y necesidad: 37, 58, 299, 422, 427, 652, 754, 813; se perfeccionan con la gracia:

443, 566, 771, 772, 829; autenticidad: 777; cortesía: 431, 792; ecuanimidad: 440, 788; energía: 980.

V. ALEGRIA, AMISTAD, AUDACIA, CASTIDAD, COMPRENSION, CONSTANCIA, DESPRENDIMIENTO, FIDELIDAD, FORTALEZA, FRATERNIDAD, GENEROSIDAD, JUSTICIA, LABORIOSIDAD, LEALTAD, OPTIMISMO, OBEDIENCIA, ORDEN, PACIENCIA, PRUDENCIA, RESPONSABILIDAD, SENCILLEZ, SERENIDAD, SINCERIDAD, VALENTIA, VERACIDAD.

VISION SOBRENATURAL
2, 30, 72, 73, 86, 96, 116, 296, 374, 441, 532, 756, 762, 772, 958, 970; en el apostolado: 108, 215, 345, 609; en las contradicciones: 908, 909, 925; ante la muerte. 877, 879, 881; da paz: 127, 853, 854, 856, 862; visión humana: 427, 436.

V. RECTITUD DE INTENCION, UNIDAD DE VIDA.

VOCACION
llamada divina: 1, 200, 220, 629; naturaleza y características: 184, 198, 560, 787-789; respuesta a la vocación: 8, 41, 98, 189, 201, 216, 218, obstáculos y tentaciones: 15, 133, 136, 141, 166, 677, 812; fidelidad a la vocación: 231 414, 815, 859, 928, 961; vocación y familia: 22, 23; vocación y alegría: 81, 84.

VOCACION CRISTIANA
   428, 757; llamada a la santidad: 167, 182, 728; vocación apostólica: 75, 211, 930; vivir como cristianos:
   14, 48, 116, 295, 716, 717, 931.

   V. APOSTOLADO, SANTIDAD.

VOLUNTAD
   154, 166, 769-794, 798, 852.
   V. CARACTER, PERSONALIDAD.

VOLUNTAD DE DIOS
   33, 53, 106, 146, 235, 252, 872; abandono: 850, 855,
   860; amor, identificación: 34, 273, 352, 793.

   V. ABANDONO, RECTITUD DE INTENCION.

ÍNDICE DE TEXTOS
DE LA SAGRADA ESCRITURA

ANTIGUO TESTAMENTO

	Puntos		*Puntos*
GENESIS		XLII, 4	79
II, 15	482	LIV, 23	873
		LXXVI, 11	161
		XCIX, 2	53
1 SAMUEL		CIV, 3	72
XV, 22	992	CXVII, 1	469
1 PARALIPOMENOS		**PROVERBIOS**	
XVI, 10	72	XXVIII, 20	786
TOBIAS		**ECLESIASTES**	
VIII, 5	846	I, 15	501
SALMOS		**CANTAR DE LOS CANTARES**	
XLI, 8	173, 338	IV, 7	339
XLII, 2	66		

	Puntos		*Puntos*
ECLESIASTICO		JEREMIAS	
XVI, 15	534	V, 13	542
		DANIEL	
ISAIAS		IX, 23	628
		X, 11-19	628
XXI, 11	960		
XXXIII, 22	855	OSEAS	
XLV, 16	586	VI, 6	992

NUEVO TESTAMENTO

EVANGELIO DE SAN MATEO		XI, 12	130
		XI, 29	261
I, 18-25	647	XI, 30	198
II, 8	633	XII, 7	992
II, 13-15	999	XII, 30	9
III, 9	418	XII, 36	926
V, 13	342	XII, 50	33
V, 15-16	930	XIII, 24-30	677
V, 16	718	XIV, 13	470
V, 48	125, 314	XVI, 24	8, 249
VI, 22-23	328	XVI, 27	534
VII, 3	328	XVIII, 12-13	223
VIII, 23-27	119	XVIII, 15	907
IX, 5	782	XIX, 16-30	218
IX, 13	992	XIX, 21	189
X, 16	910	XIX, 29	766
X, 24	239	XX, 7	205
X, 32-33	970	XXI, 28-32	378
X, 33	369	XXII, 11-12	649
X, 34	408	XXII, 15	562
X, 35	816		

	Puntos
XXIV, 48-51	358
XXV, 13	164
XXV, 14-30	525
XXV, 21	507
XXV, 41-43	744
XXVI, 26	684
XXVI, 63	35
XXVI, 72-74	369
XXVIII, 19	232, 462, 930

EVANGELIO DE SAN MARCOS

	Puntos
III, 35	33
IV, 35-41	119
VI, 31-33	470
VI, 34	826
VIII, 34	8, 249
X, 17-31	218
X, 30	766
XIV, 22	684
XIV, 61	35
XIV, 71	369

EVANGELIO DE SAN LUCAS

	Puntos
I, 26-38	481
I, 38	33, 124
I, 39	371
I, 45	566
I, 46	95
I, 48	289
II, 1-5	322
II, 19	415

	Puntos
II, 41-50	701, 794
II, 51-52	484, 485, 486
III, 8	418
V, 5	377
VI, 40	239
VIII, 22-25	119
IX, 10-11	470
IX, 23	149, 249
IX, 62	133
X, 16	595
X, 42	454
XI, 34	328
XII, 49	211
XIII, 27	369
XIV, 26	214
XV, 3-6	223
XV, 11-32	65
XVI, 1-2	358
XVIII, 18-30	218
XVIII, 22	189
XVIII, 41	862
XIX, 41-44	210
XX, 20	562
XXII, 19	684
XXII, 42	268, 352, 793
XXII, 57	369
XXIV, 29	227, 671

EVANGELIO DE SAN JUAN

	Puntos
II, 1-11	631
III, 16	290
V, 7	212, 954
VII, 5	251

XIII, 18	204
XIII, 6-9	266
XIV, 6	678
XIV, 18	149
XV, 5	697
XV, 8	208
XV, 12	727
XV, 15	629, 750
XV, 16	217
XVIII, 20	50
XIX, 22	604
XIX, 25	51, 248, 977
XX, 24-25	684
XXI, 6-11	377
XXI, 17	326, 964

HECHOS DE LOS APOSTOLES

II, 1-42	213, 226
II, 9	186
III, 6	782
V, 40-41	283
XXVIII, 26	31

ROMANOS

II, 6	534
II, 11	303
IV, 18	780
VIII, 22	311
VIII, 28	127
X, 14	196

1 CORINTIOS

VII, 29	621
IX, 27	841
XI, 24	684
XIII, 1	542
XIII, 7	738, 939
XIV, 40	512
XV, 25	292

2 CORINTIOS

II, 15	59
XII, 9	166

GALATAS

II, 20	424, 892
III, 28	303

EFESIOS

VI, 9	303

FILIPENSES

IV, 5	53

COLOSENSES

III, 11	317
III, 25	303

1 TIMOTEO

II, 4	197

2 TIMOTEO

II, 3	75
II, 5	163
IV, 10	343

HEBREOS

X, 37-38	459
XIII, 14	881

SANTIAGO

I, 12	160

1 PEDRO

II, 5	499

2 PEDRO

I, 19	318

APOCALIPSIS

III, 15-16	541
XII, 1	443

XXV EDICIÓN CASTELLANA
(IDÉNTICA A LA 1.ª EDICIÓN DE 1986).
NIHIL OBSTAT: CENSOR, DR. MIGUEL RIVILLA
VIDAURRE. MADRID, 7 DE OCTUBRE DE 1986.
IMPRÍMASE: ILMO. SR. DR. MANUEL GONZÁLEZ
CANO, VICARIO GENERAL.

ESTE LIBRO, PUBLICADO POR
EDICIONES RIALP, S. A.,
MANUEL URIBE 13-15, 28033 MADRID,
SE TERMINÓ DE IMPRIMIR
EN ARTES GRÁFICAS ANZOS, S. L.,
FUENLABRADA (MADRID),
EL DÍA 14 DE DICIEMBRE DE 2023.